Inhalt

W0463836

Vorwort

Deutschland hat großartige Wissenschaftler hervorgebracht, ebenso Künstler und Literaten, nur in einem Punkt hat die Kulturproduktion komplett versagt: in der Küche! Da geben sich die Medien alle Mühe, ein wenig französischen Esprit, italienische Raffinesse und fernöstlichen Flair in die hiesige Kochzelle zu bringen. Doch mehr als der deutsche Einheitsbrei kommt nicht heraus. Der Inländer bleibt in der Küche ein Barbar! An diesem Zustand änderten auch die Bioleks, Inzingers und Herzogs nichts. Im Gegenteil: Das ganze künstlich aufgeblasene Küchen-Gedöns hat den braven Kostgänger eher verwirrt und zu atemberaubenden Fehlleistungen auf der Kochplatte geführt.

Bestes Beispiel: die Umwidmung der ehemaligen HO-Gaststätten in den neuen Bundesländern zu modisch aufgemotzten „Snack-Attacks". Vorbei die Zeiten, als der ostdeutsche Küchen-Kanon bestenfalls aus zehn untereinander kombinierbaren Standardgerichten bestand: nachvollziehbare Arrangements wie das Steak Strindberg in Senf-Ei-Hülle an Kroketten und Krautsalat, das Thüringer Rostbrät, das Steak au four oder die legendäre Soljanka, die als einzige das Küchenmassaker in den neuen Bundesländern einigermaßen unbeschadet überstanden hat. Heute erlebt man im Osten ein wüstes Herumexperimentieren mit Reagenzien und Rezepten, das die Einführung des Beipack-Zettels zur Speisekarte als zwingend notwendig erscheinen läßt: „Zu Risiken und Nebenwirkungen fragen Sie Ihren Arzt oder Apotheker!"

Da landet das „Ragoût fin" (als „Würzfleisch" war es einem sympathischer) unvermittelt auf dem „Pfirsich-Zitronen-Parfait", während sich das „Chateaubriand" (bretthart aus der Pfanne gehebelt) zu labbrigem Maronen-Schnee und Letscho-Tunke gesellt. Kochen, bis der Notarzt kommt! Ja, selbst in den gottverlassensten Käffern wird dem hilflosen Gast irgendein exotischer Schnickschnack aufgetischt (Känguruh-Rouladen oder Straußen-Filet), als hätten die ostdeutschen Küchenchefs statt eines soliden Kochbuchs Brehms Tierleben in die Hände bekommen.

Schlimmer! Die Epidemie der neuen Erlebnisrestaurants hat auch die Tischsitten zu Fall gebracht – und zwar buchstäblich: Wer etwa im „Saloon" in Lübbenau die Schalen der zentnerweise bereitgestellten Erdnüsse im Aschenbecher entsorgt und nicht auf dem Plastik-Parkett, wird vom Personal abgemahnt. „Fühlen Sie sich wie zu Hause", quäkt die Kellnerin und fegt den Unrat auf den Boden. Das soll witzig sein: „Haha!" Und dann stolziert um Mitternacht auch noch ein leibhaftiges Pferd an den Tresen und bestellt eine Mohrrübe. Das soll ebenfalls witzig sein: „Haha!" Wem als Gastronom die witzigen Ideen ausgehen, dem bleibt immer noch der Rückzug auf die selbstgemixte Hopfen-Pansche, die als Erlebnisbrauerei deklariert inzwischen zahlreiche Schankräume verunziert.

Da muß man beinahe schon Ehrfurcht haben vor der präsidialen Suppen-Show aus dem Schloß Bellevue. Da wird nicht lange rumgelabert wie bei der notorischen Maultasche „Alfredissimo“ Biolek und auch keine Schleichwerbung à la carte serviert wie in dem Maggi-Kochstudio aus dem Hause MDR, da wird mit einfachen Mitteln solide Hauswirtschaft demonstriert, daß man das beruhigende Brutzeln bayerischer Fleischpflanzerl bis in die letzten Winkel unserer Fernsehrepublik vernimmt. Und wer wie Hauser und Kienzle sein kosmopolitisches Pasta-Palaver in die Küche verlegen will, wird von Frau Herzog frontal mit den Realitäten konfrontiert – und die lauten nun mal: Zwiebelschneiden, Möhren putzen, Rouladen einwickeln und die Klappe halten. Noch erfreulicher ist es, daß sich die Mutter der Bouillon jede Einmischung in die Rezepturen verbittet. Anders als bei Biolek, wo jeder zweitklassige Serienheld seine abenteuerlichen Ad-hoc-Menüs verbraten darf, legt die Präsidentengattin Wert auf eine klare Arbeitsteilung. In der Küche von Frau Herzog kocht Herr Koch und basta!

Wobei anzumerken bleibt, daß Männer lediglich nach einer gediegenen Ausbildung und langer Erfahrung als Profi-Köche etwas taugen. Als Amateure sind sie hingegen in der Küche nicht zu gebrauchen. Die Tatsache, daß Frauen zunehmend die ihnen traditionell zugewiesene Rolle am Herd verleugnen, sie sogar höhnisch kommentierend („Heute kocht Rolf!!!“) an die neue Väter- und Hausmanns-Generation weiterreichen, muß als deutlicher Qualitätsverlust gewertet werden – ganz zu schweigen von den weitreichenden Folgen, die ein Unterbrechen der Informationskette „Oma-Mutter-Tochter“ auf den kulturhistorischen Kern des deutschen Rezept-Reigens hat.

Kochen auf Jean-Pütz-Niveau lautet die neue Devise – und die bedeutet in der Regel nicht viel mehr als die handwerkliche Erweiterung der im Hobbykeller erworbenen Erkenntnisse auf die notwendige Verpflegung einer durchschnittlichen Kleinfamilie. Leider nicht nur auf die: Ganze Heerscharen männlicher Fußballfans wurden während der letzten WM von ihren Gastgebern – in Ermangelung der sich anderweitig vergnügenden Hausfrauen – mit der „Verfeinerung“ von Halb-Fertig-Produkten gequält. Da wird das ordinäre Fischfilet à la Bordelaise mit aufgespachteltem Rouquefort zum Nationalgericht der Franzosen hochgebacken, während beim deutschen Sieg über die USA eine alte Tex-Mex-Variante zum Zuge kam: in Ketchup getauchte Hühnerflügel, die sich auf dem Grill zu Chicken Wings verwandelten.

Eines hat der Einbruch der Männer in die ihnen bis dahin unbekannt gebliebene Welt jedoch bewirkt: die Aufrüstung der Küche zum High-Tech-Labor, in dem es vor chromblitzenden Gerätschaften und Markenfabrikaten nur so wimmelt – nicht gerechnet die

Ansammlung von meist überflüssigem aber prestigesteigerndem Designer-Schnickschnack wie Espressomaschinen und Orangenpressen. Der alte Satz, ich koche, also bin ich, hat in vielen Wohnungen die Küche zum heimlichen Zentrum etabliert. Ein mit Umlauftresen und Dunstabzugshauben schwer verbauter Ikea-Verhau, den man Besuchern gern als „Pantry“ präsentiert – egal, was dort letztendlich für ein Quark verrührt wird.

All das sind Dinge, die der echte Stümper nicht braucht. Für ihn zählen die normalen Gerätschaften des Alltags, die sich über Generationen hinweg bewährt haben. Und wo ihm Mittel und Wege fehlen, greift er zur Improvisation. So manches Werzeug wurde erst durch den Stümper zu edleren Aufgaben berufen: die Schlagbohrmaschine, der Haarfön, die elektrische Zahnbürste. Nicht zu vergessen ein Werkzeug, das zwar die Taschen beult, aber fast überall zu gebrauchen ist: das Schweizer Offiziersmesser mit mindestens zehn Funktionen. Und wenn er überhaupt eine handelsübliche Maschine für unverzichtbar hält, dann ist das neben dem Herd der gute alte Küchenmix mit Glasaufsatz. Vergessen Sie also beim weiteren Lesen des Buches all das, was Ihnen Fernsehköche und Illustriertenratgeber als notwendige Grundausstattung verkaufen wollen. Das meiste können Sie in der Regel wegschmeißen. Bleiben Sie, was Sie sind: ein genialer Dilettant.

Der Stümper ist neugierig und insofern einer multikulturellen Küchenkunst verpflichtet. Nichts schafft mehr Erkenntnis in der hohen Schule der Schlemmerei, als das hemmungslose Herumexperimentieren mit exotischen Beigaben. Der Stümper bedient sich ohne übertriebene Ehrfurcht im jahrhundertealten Steinbruch der Kochkulturen, wobei er es besonders schätzt, wenn er die bodenständigen Produkte der Heimat mit den Zutaten ferner Länder kreuzen kann. Er ist für alles offen und bleibt letztendlich bescheiden. Oft gibt er den Billigangeboten einer bundesweit bekannten Discount-Kette den Vorzug, ehe er sich von der raffinierten Feinschmecker-Terminologie der Edel-Lieferanten einlullen läßt. Gerade diese Wahrhaftigkeit zeichnet den Stümper als echten Gourmet aus, der unter Genuß eben mehr versteht als nur eine Stilfrage.

Und noch etwas macht den Stümper aus: sein fast missionarisches Sendungsbewußtsein. Neue Entdeckungen und Erfindungen posaunt er heraus, als handele es sich mindestens um den Fund des Bernsteinzimmers. Seien Sie also vorsichtig. Sollte Ihnen jemand begegnen, der Ihnen Mama Betty's Tamarind-Soup in der 50-Gramm-Tüte aus dem Asia-Shop als hervorragenden Hummer-Fond verkaufen will, dann ist er entweder ein alter Stümper namens Thomas Platt – oder er hat das Buch gelesen. Guten Appetit!

Karl Hermann

Vorgucke

EINGELECHTE GURKEN MÜSSEN KNACKICH SEIN!
ICH SAG, SIE MÜSSEN SCHLAPP SEIN
FASS GURKEN IM GLAS
FEUCHT UND SCHLABBERICH MÜSSEN SIE SEIN
FASS GURKEN IM GLAS
REDE NICH HERR FLACH, ER IST ANGETRUNKEN
WIE AUCH IMMER SIE MÜSSEN LANGE LAGERN...
UND ZWAR IN BESTER LAKE!

Steinpils Handgemeisselt

Halts Maultaschen

Bis in sein siebtes Jahr glaubte der Stümper, er hieße „Halt's Maul!“ Mit der Schultüte im Arm hatte dann der Taufname doch noch Premiere – und, weil er ihn kaum zu glauben vermochte, bekam er ihn per Eintrag ins Klassenbuch obendrein noch schriftlich nachgeliefert. Dessen ungeachtet blieb der Spitzname an Stümper kleben wie die Boulette am Pfannenboden.

Ganz unrecht hatte der grauberockte Pedell, der nicht mehr ganz gesund im Kopfe war und Süßriegel, Sudetenfutter und Scholadentrunk zu überhöhten Preisen an die armen Pennäler verhökerte, seinerzeit nicht: Vorlaut ist er geblieben, der Stümper. Mit diesem Päckchen auf dem Rücken rollt und lullt der Stümper die Sonne der Jugend in den weichen Teig des Vergessens. Was die vielen Probeläufe zu diesem Rezept betrifft, so macht der Stümper einmal mehr von seinem Zeugnisverweigerungsrecht Gebrauch – wie auch damals der grundgütigste unter seinen Lehrern:

16 ofenfertige Lasagne-Blätter im Format 20,5 mal 11 cm (z.B. das günstige 250-g-Paket von „Barilla“ oder „Buitoni“ aus dem nächsten Supermarkt)

6 Nürnberger Rostbratwürstel oder 200 g Hackepeter (dann gewürzt mit Thymian, einem TL abgeriebener Zitronenschale sowie ein paar Scheiben kleingewürfelter Mortadella)

200 g Spinat

2 Schalotten oder halt 1 Zwiebel

1 Zitrone

6 Tomaten

etwas Parmesan

1 Petersiliensträuß

Muskat

weißer Pfeffer

2 Blättchen Lorbeer

ein paar Salbeiblätter

1 Ei, 1 EL Mehl

2 EL Semmelbrösel

1-2 Glas Weißwein

Butter, Olivenöl

1. Die Spinatpflanzen ausgiebig in der Duschkabine abbrausen, im Frotteehandtuch zentrifugieren, großräumig entstielen und auf dem größten Küchenbrett des Hauses mit der Mutter aller Messer kleinkartätschen. Schön Butter im großen Topf zerlassen und dann das Grünzeugs in ein paar Minuten über großem Feuer darin zusammenfallen lassen, ein bißchen Muskat dazuraspeln und ausruhen lassen.

2. Jetzt schält der Stümper die Bratwürste aus ihrer Pelle, zerdrückt sie mit der Gabel und schüttet sie sofort ins Töpfchen, wo die kleingehackte Schalotte bereits seit ein paar Minuten munter im Öl- und Buttergemisch herumtanzt. Kurz auf hoher Flamme abbraten und dann mit einem Gläslein Weißwein (sollte der mal wieder von den Gehilfen verschluckt worden sein, dann nehmen wir halt zwei TL Apfelessig auf ein Glas Wasser verteilt) verflüssigen. Zusammen mit Lorbeerblättern und weißem Pfeffer gründlich einköcheln - bis die Flüssigkeit nahezu vollständig an der Decke ist. Anschließend wird der zusammengefaltete Spinat untergepflügt und der Topf vom Feuer gerissen. Sobald Handwärme eingetreten ist, das Eigelb und nur wenig Brösel mit beiden Händen einmassieren (damit nicht alles am Schluß zwischen den Fingern bappt, glättet der Stümper seine Flossen vorher mit Olivenöl. Gesund ist's obendrein).

3. Während die Einlage sich abregt, kocht der Stümper die Nudelblätter für knappe sieben Minuten ab und erschreckt sie im Sieb mit barbarisch kaltem Wasser (ruhig vorher ein paar Eiswürfel dazugeben). Gut abgetropft praktiziert der Stümper sie nacheinander aufs Küchenbrett, berieselt sie mit einer dünnen Schicht feingeriebenen Parmesans und verfügt auf je eine Halbseite zwei EL vom Gebratenen, das bis hin zu einem gut bleistiftbreit freibleibenden Rand auf Kleinfingerdicke zurechtgedrückt wird. Dann ein bißchen Mehl auf die freien Kanten streuen und mit dem verbliebenen Eiweiß bestreichen. Sofort die leere Hälfte des Nudelblatts über die Füllung schlagen und an drei Seiten uhuartig festkleben. Jetzt muß der Stümper die Taschen auf ein gut gebuttertes Backblech bugsieren, mit den zuvor brutal zermesserten Tomaten und zwei EL Wein überschütten. Tüchtig Öl, tüchtig Salbei darüber. Im Rohr für knapp 20 Minuten dicht unter dem Ofendach auf Stufe 4 (220° im Elektro- beziehungsweise Umluftherd) gesundbacken. Dazu gehört ein strammer Rapunzelsalat (Feld- beziehungsweise Ackersalat) mit viel Essig, wenig Öl und frischem Knoblauch.

4. Der Rest? Petersilienbegrüntes Schweigen. Deswegen muß die würdige Musifizierung der „Halts Maultaschen" behutsam gesetzte, ja tastende Töne bevorzugen, quasi dem Verstummen benachbarte: Ein Stümper mit Nerven für die schwierige Musik dieses Jahrhunderts setzt da auf die „Collages"-Symphonie No. 3 des katalanischen Komponisten Roberto Gerhard (Chandos Records Ltd. CHAN 9556, 1997). Man kann aber ebenso gut „Led Zeppelin BBC Sessions" hören, wenn man diese überaus pompöse Band nur ganz, ganz leise aus den Lautsprechern hervortreten läßt. Aber so eine hysterische Bluesmusik paßt prinzipiell eher zu etwas Manieriertem oder Durchgedrehtem.

Spaghettikurs

Spaghetti firmieren bei unserem früheren Achsenbruder südlich der Alpen als nationales Symbol. Seit Giuseppe Garibaldi aus Nizza vor guten hundert Jahren dem Treiben fremder Herren in seinem Land den Garaus bereitete, sind Spaghetti in aller Munde und werden in nahezu jeder italienischen Region produziert. Zuvor behaupteten namentlich Neapel und Genua das Vorrecht ihrer Herstellung. Kein anderes Land setzt seine Lieblingsnudel einem derart harten Konkurrenzkampf aus wie ausgerechnet Italien: Penne, Fettucine, Canaletto, Tagliatelle, Pappardelle, Pinocchio, Garganelli, Maccaroni, Rigatoni, Bigoli oder Orecchiette heißen nur ein paar bekanntere unter den unzähligen Pastasorten. Auch wenn der Stümper einen guten Teil davon schon ausprobiert hat, kehrt er doch immer wieder heim: Mit seinen Spaghettis duzt er sich halt seit Kindesbeinen.

Ihre heutige, sogenannte kalibrierte Länge von genau 25,8 cm (daneben gibt es noch XXL, also eine doppelt so lange) errechnet sich aus der Entfernung Palermo-Turin, geteilt durch die Anzahl der Getreuen Garibaldis, die 1860 bei ihrer Landung auf Sizilien gleich die internationale Aufmerksamkeit mit einem Massaker auf sich zogen – der Spaghetti-Durchmesser, italienisch „Diametro" (1,93 mm) bezeichnet Eingeweihten den genauen Ort des Geschehens.

Rund einen Monat muß ein national gesinnter Italiener täglich Spaghetti um die Gabel wickeln, bis er sich seine Heimat gewissermaßen ergessen hat. Aber auch ohne eine derartig martialische Gebärde lieben Stümper ihre Italiener und verehren ihre beiden bedeutendsten in einer imponierenden Reihe von kulinarischen Erfindungen zutiefst – Pizza und Spaghetti.

Wesen und Tugend dieser Fadennudeln, die überwiegend aus eiweißreichem amerikanischem Hartweizengrieß zusammengeleimt werden, kommen erst mit den Soßen hervor. Dabei reichen schon wenige Eßlöffel Soße aus: Der delikate Teiggeschmack soll doch auch seinen Beitrag zum Genuß beitragen. Der Stümper – sowieso Sympathisant einer Küche, die auf Olivenöl, Käse und Wein fußt – läßt die ehrenwerten tomatigen zunächst in der Dose (beziehungsweise im „Aufruhr in der Lasagne"), die wie die übrigen gebunkerten Dosen als gespannte Büchsen im Regal stehen, allzeit bereit, jedem Neuankömmling die Soße zu verlängern. Zur Stunde jedoch hat der Stümper Lust auf helle Dessins – und wenig Besuch:

500 g Spaghetti langen für vier gestandene Stümper – das sind genau 264 Stängelchen zu je 0,5 m Länge und 1,9 g Trockengewicht (mithin entfallen 66 Stück bzw. 33 m auf eine Nase)

5 l Wasser, 2 1/2 EL Salz

Grundrezept:

200 g Parmesan („Parmigiano-Reggiano")

8 EL Trüffelöl

2 Schnapsgläschen 70%tigen Rum zum Flambieren

Version A:

200 g Mascarpone

20 Fäden Safran

1 TL grobgestoßener weißer Pfeffer

2 dicke Büschel Rauke (neudeutsch „Rucola"), gut gewaschen

Version B:

150 g Butter

150 g Parmesan oder etwas preiswerteren Grana Padano

20 in grobem Meersalz konservierte Kapern („Capperi al sale")

Version C:

8 EL Olivenöl

6 getrocknete Peperoncini

10 Knoblauchzehen

1 Bund Petersilie

Version D:

150 g Butter

1 EL Olivenöl

1 kleine Zwiebel

1 Becherchen Sahne

1 EL Curry

20 Rosinen

Parmesan, eine Prise Salz

1. Der Stümper praktiziert die Spaghetti(s) mikadoartig ins sprudelnde Salzwasser und sieht ihrem Einsinken ungerührt zu – bei Land unter wird einmal hektisch umgerührt und die Eieruhr (ein Utensil von größter Wichtigkeit übrigens) auf acht Minuten gedreht.

2. Mit dem neunten Scheppern der Eieruhr beginnt die Zeit der Zärtlichkeit: Nach 9 bis maximal 12 Minuten Kochen (und einem von den unzähligen Al-dente-Tests: z.B. Spaghetto an die Decke werfen – wenn er nicht wieder herunterkommt, ist SOS) sollte sich die hartnäckigste Spaghettimarke in ihr Schicksal gefügt haben. Jetzt einen Humpen kaltes Wasser zum Zweck der Stärkeausfällung in den Kessel kippen und den Inhalt per Kochlöffel mächtig verwirbeln, damit beim sofortigen Abgießen des rotierenden Wassers auch ja alle Spaghetti ins Sieb flutschen. Am Topfboden festklebende Nudeln halten den Betrieb auf.

3. Der auf der Ostflanke der vierkantigen Standreibe abgerubbelte Parmesan und das Trüffelöl (wer sich echte weiße Trüffel leisten kann, nur zu) warten schon in einer angewärmten Schüssel, um unverzüglich mit der nur nachlässig abgetropften Teigware vermengt zu werden. Ein bißchen Kochwasser, das der Stümper zuvor dem Topf abgenommen hat, justiert die Chose. Licht aus, Vorhänge zu: Rum drüber und bis zum „Flame-out" (geläufig aus der amerikanischen Mondforschung) absengen.

Versionen A - F

A 200 g Mascarpone im Soßentöpfchen schmelzen und mit Safranfäden gelb färben, vorsichtig anpfeffern. Wenn alles gut durchgezogen ist, kleingehackte Rauke (neudeutsch Rucola) dazu und sofort über die Nudeln gießen (hier empfehlen sich die strohförmigen Tagliolini vom Edelhersteller „Cipriani", sofern der Stümper ihrer im Fachhandel habhaft werden kann). Wem's schwappiger beliebt, spritzt ein bißchen Weißwein dazu: Ein Wunder, das hinhaut!

B 150 g Butter geschwind verflüssigen und die zuvor gewässerten und mit flacher Klinge zerquetschten Kapern darin leicht anziehen lassen – nach zwei Minuten kippt der Stümper sie über die abgekochten Nudeln und vollendet mit viel Parmesan: Ein Mysterium der Simplizität!

C Knoblauch schälen und längs halbieren (dabei den blähenden Keim herausziehen und wegwerfen) und zusammen mit den zerdepperten Peperoncini in heißem Olivenöl leise anrösten. Sollte das Fett spritzen, einfach mit etwas Salz beruhigen. Wenn der Knoblauch hellbraun geworden ist und sein Aroma an die Umwelt abgegeben hat, wird er herausgefischt und ebenfalls zum alten Eisen getan. Dafür fliegt jede Menge kleingeschnittene Petersilie in die Pfanne, dann auch noch die gekochten Spaghetti. Der Stümper wandelt das Rezept zuweilen auch ins Tomatige ab, indem er anstelle des Grünzeugs ein Döschen Tomatenmark und einen EL Kochwasser ins Öl arbeitet und mit schwarzem Pfeffer abschmeckt. Parmesan wird nicht einfach darübergerieben, sondern mit dem Gemüsesparschäler gehobelt – die Nudeln werden auf der vierbeinigen Verzehrbohle sozusagen mit gelbem Furnier versehen.

D Eine kleine Zwiebel, feinstgeschnitten, in Butter und einem Schuß Olivenöl in einem großen Topf glasig braten, mit einem Becherchen Sahne ablöschen und zusammen mit einem Eßlöffel voll Curry, Salz sowie 20 zuvor eingeweichten Rosinen kurz durchköcheln. Dann die abgekochten Nudeln mit der Soße vermengen und kräftig parmesanisieren. Curry kombiniert mit Käse: ein durchschlagender, ja kanonaler Effekt!

Kleine Variationen:

E. Runde Spaghetti heißen „Orecchiette" (kleine Ohren). Sie werden vom Stümper mit je 100 g kleingeschnittenen Pfifferlingen, Spitzmorcheln und einem Sträußchen Petersilie angerichtet. Nach kurzem Höllenbraten der Pilze in Butter wird mit ein bißchen Sahne gelöscht und mit Safran nachgeschmeckt: sensationell!

F. Bottarga nennt der Sarde seinen Kaviar, den er aus dem Rogen der Meeräsche gewinnt. Der etwa in die Form eines Landjägers gepreßte, meergesalzene und sonnengetrocknete Rogen ist hierzulande höchstens in Restaurants zu bekommen, deren Betreiber aus Sardinien stammen. Tritt tatsächlich dieser Fall ein und wackelt der Stümper mit einem eingeschweißten Päckchen Bottarga von dannen, gibt's kein Vertun: Nach Entfernung des Häutchens hobelt er die appetitankurbelnden Trüffel des Meeres entweder wie Parmesan über Nudeln in Knoblauch, Peperoncino und Öl – oder er läßt den Rogen in Butter anschmelzen, um ihn mit Parmesan oder Pecorino-Schafskäse über die Pasta zu geben.

Pekinger Allerlei

Ein „Pekinger Allerlei“ ist ratzfatz fertig und erhebt keinen Anspruch auf Originalität. Es ebnet nur in bester Stümper-Manier fremde Weltteile ein: neben China, Indonesien, die Philippinen, Korea, Thailand sowie Japan. „Pekinger Allerlei“ darf sogar bei akutem Hungerbefall gekocht werden, was ansonsten streng verboten ist. Erlaubt dagegen sind: Hydrolisiertes Pflanzeneiweiß, Verdickungsmittel bzw. Mehlbehandlungsmittel E 414, 405c, 466, 500, 501, Säuregulatoren 500, 501, Geschmacksverstärker E 621 sowie Konservierungsmittel & Farbstoffe E 102, beruhigenderweise ohne Tartazin E 102: Alle diese freimütigen Angaben, die an der Rückseite der bunten Packungen in Lettern befestigt sind, können den experimentalen Stümper nicht wirklich einschüchtern.

YumYum Peking Duck Flavour (0,60 Mark)

Mie Keriting Rasa Ayam Pangang Grilled Chicken Flavour (1,29 Mark)

Sapporo Ichiban Beef Flavored-Soup (ca. 1 Mark)

Mi goreng Fried Noodles (ca. 1 Mark)

Mama Sita's Tamarind Seasoning Mix Pang Sinigang (ca. 1 Mark)

1 Hühnerbrust (deutsch)

2979 Gramm Mori-Nu Silken Tofu Extra Firm (ca. 3 Mark)

12 getrocknete Poku-Pilze

ABC Kecap Manis, das einzige mit Palmzucker gesüßte (625 ml Flasche ca. 5 Mark)

1 dünne Stange Porree

1 Möhre

1 Zehe Knoblauch

1 Flasche Choya Sake (ca. 15 Mark)

1 Ei, etwas Backpulver

Stärke (Reismehl oder Mondamin)

hocherhitzbares Erdnuß- oder Sojaöl, Sesamöl

1. Das Brutzeln spielt nur eine Gastrolle – weitaus wichtiger ist das Vorspiel. Sämtliche Zutaten werden vorbereitet und jeweils in Schälchen bereitgehalten. Zunächst weicht der Stümper die Pilze in lauwarmem Wasser ca. 20 Minuten lang ein und ordnet zur Stärkung des Aromas einen TL Zucker bei. Lauch wird kleingeschnippelt und in weiß und grün getrennt, Möhre und Knoblauch sind schnell in Moleküle zerlegt.

2. Hühnerfleisch und Tofu müssen nun mit scharfer Schneide in Würfel verwandelt werden und kommen dann in eine Schale, worin sie mit einem EL Sonichtsoße, einem EL Reiswein und zwei guten Messerspitzen Backpulver sowie einem TL Stärke vermengt werden. So, jetzt kommt der Clou: Der Stümper läßt von einem ergebenen Lakaien das Ei trennen und das Klare zu Schnee schlagen. Mit Gefühl – das ist wiederum Chefsache – wird der Schaum unters Fleisch komplimentiert.

3. Die nächsten Aktionen finden dagegen im Klima einer kulinarischen Mobilmachung statt: 1,5 l Wasser werden hochgekocht und mit den aus den Nudelpackungen stammenden Würztütchen in einen höllischen Sud verwandelt. Die Nudeln werden eingeworfen. Jetzt bleiben noch drei, höchstens vier Minuten bis Peking! Ein Sieb wartet im Ausguß.

4. Nun erhitzt der Stümper den Wok. Erst wenn das Utensil glüht, darf eine Vierteltasse Erdnußöl eingegossen werden, worin zunächst der weiße Lauch und nach 20 Sekunden Knoblauch und die in der Faust ausgepreßten, zerteilten Pilze sowie die Möhrenfitzel mit einem Löffel verwirbelt und unablässig gequält werden. Dabei einen halben TL Tamarind-Seasoning einstreuen lassen. Das ganze ist eine Sache von genau 75 Sekunden, denn dann müssen auch schon Fleisch und Tofu dazu. Nach zwei Minuten unter inständigem Quirlen, Wenden und Umwerfen ist alles fix&fettich.

5. Die abgegossenen Nudeln landen in einer tiefen Schüssel, der Inhalt des Woks darüber. Nur noch den grünen Lauch darüberstreuen und mit ein bißchen dunklem Sesamwurzelöl lackieren.

6. Das Servieren, die Wahl der Stäbchen und die Ausgabe alkoholischer Erfrischungen sind Privatsache. Alles kalal, ihl Stümpel?

7. Als Erinnerung an die Peking-Oper und der legendären „Viererbande" mit der rabiaten Mao-Witwe an der Spitze bringt der Stümper Richard Wagners (der Mao „Tse-Tse" Tung des Tonschaffens) „Parsifal" in der Bayreuther Aufführung von 1971 unter der Leitung von Pierre Boulez (Deutsche Grammophon) zu Gehör – auch der großen Sängerin Gwyneth Jones zu Liebe. Im übrigen könnte man die Hauptfigur des Bühnenspiels durchaus als Stümper bezeichnen: Kaum ins Geschehen gestolpert, schießt er schon den Vogel ab!

Toast Vitam-R

Ganz oben auf der Gunst-Pyramide des Stümpers thront eine Tube. Sie ist gefüllt mit einer hellbraunen, leicht ins Transparente spielenden Paste von honigartiger Zähe, die allerdings mehr als nur salzig schmeckt und deshalb in beachtlicher Verdünnung genossen werden muß. Es handelt sich um den Hefeextrakt „Vitam-R“ aus dem Reformhaus (dafür kaufen wir die restlichen Zutaten ausschließlich bei „Aldi“). Früher nannten der Stümper und seine Brüder die Creme „Tola“ (eine Ableitung von Motorradfett; es handelte sich nämlich um den inzwischen leider ausgestorbenen „Cenovis Bierhefeextrakt“ mit deutlich dunklerer Färbung und weitaus königlicherem Aroma).

Erwachsene sind nur auf Umwegen für „Vitam-R“ zu gewinnen (bei manchen hilft der hippe Hinweis auf den „Yeast-Extract“ der britischen Firma „Bovril“), verfallen ihm dann aber sklavisch. Die eigentliche Darreichungsweise besteht in mit viel Butter vermischter Paste auf dem herrlichen Wasa-Sesamknäcke, doch jüngere Stümperforschungen haben erwiesen, daß auch der „Toast Hawaii“ mit ihr zeitgerecht ergänzt und vervollkommnet werden kann. Äußerst interessant ist dabei das Zusammenspiel von süß, sauer, salzig und kindisch.

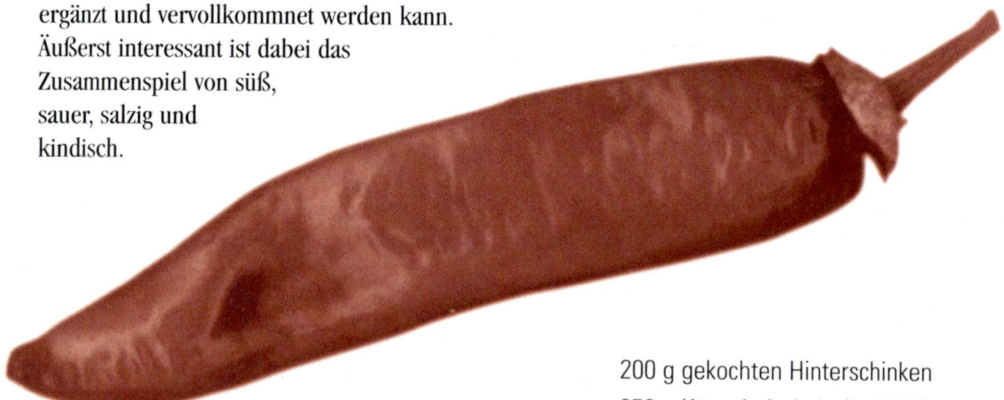

scharf

- 1 Tube oder besser ein ganzes Vitam-R-Glas (in Reinform, also nicht mit Kräutern gemixt)
- 750-g-Tüte aufgeschnittenes Weizenbrot
- 1 große Dose Ananas in Scheiben
- 1 Banane
- 1 Zitrone oder die raffiniertere Limone
- 200 g gekochten Hinterschinken
- 250 g Käse-Aufschnitt (natürlich gehen auch „Velveta-Scheibletten“)
- 200 g Gorgonzola
- 1 Tube Tomatenmark
- 1 Becher Schmand
- Loredana-Olivenöl (wenn es denn welches ist)
- getrocknetes Origano
- Cayenne- und Currypulver

1. Die Arbeiten beginnen mit leichter Bräunung der Weißbrotscheiben, die anschließend auf einem großen Küchenbrett ausgelegt werden. Dann verstreicht der Stümper den Schmand aufs geröstete Brot und mischt je eine solide Messerspitze Vitam-R dazu. Mit Schinken abdecken und Ananas wie eine Krone aufsetzen.

2. Jetzt stellt der Stümper per Gabel einen Bananenbrei her und spitzt ihn mit Cayenne, Curry und Zitronensaft an. Dieses scharfe Mus wird dünn auf den Ananassen verstrichen und mit Käsescheiben abgedeckt. Obenauf bröckelt der Stümper Gorgonzola, so daß die Toasts so furchterregend aussehen wie das Haupt der Medusa – besonders, wenn ein paar davon noch mit Origano berieselt wurden. Zum Schluß tröpfchenweise mit Olivenöl benetzen.

unscharf

3. Auf dem geölten Blech backen die betürmten Brote für 20 bis höchstens 30 Minuten auf Gasstufe 4 (220° Elektro) im horrend vorgeheizten Ofen. Die beiden Käsesorten auf den Toasts sollten hiernach vollständig ineinander verschwommen und höchstens an ein paar Stellen brandig beziehungsweise kroß sein.

4. Doch Obacht: Es handelt sich geradezu um eine präkulinarische Bombe mit Zeitzünder im Gedärm! Allemal ratsam sind demnach ein Glas Wasser der weltbekannten Marke „Hahninger“ mit einem EL Apfelessig sowie die tief in Ton gebrannten Klagen des Propheten Jeremias (Thomas Tallis, „Lamentations of Jeremiah“, The Tallis Scholars, directed by Peter Phillips; Gimell Records 1992).

Frittata interrupta

Zu den hohen Tagen im Kalender gehören seit jeher traditionelle Speisen. Das ist auch bei Stümper & Co. so. Allerdings gibt es bei einem Superverbraucher wie ihm weitaus mehr Anlässe zum Feiern als etwa bei Familie Otto Totalverbraucher in der Mitte unseres Volkes. Einmal im Jahr aber feiern alle zusammen: Der neue Ikea-Katalog ist da!

Schon beim ersten Durchblättern springt einem die geradezu aggressive Schlichtheit der skandinavischen Wohnprodukte ins Auge – für den Stümper einmal mehr Grund, sich mit den einfachen Seiten des Lebens zu beschäftigen. Eine simple Eierspeise dürfte das richtige sein. Und zur Belohnung fürs Studium dieser auftrumpfenden Verhökerliteratur gibt es noch etwas Süßes aus dem Handgelenk. Was die im Katalog offerierten Küchenutensilien betrifft, so ist für den Stümper wieder einmal gewiß, daß auch in diesem Jahr die Ausfahrt zur nächstgelegenen Ikea-Niederung unterbleibt.

4 freilaufende Eier jüngeren Datums

1 Pfund frischer Spinat

(Version DeLuxe: 8 getrocknete Spitzmorcheln, 15 Minuten in warmem Wasser eingeweicht und halbiert

Zugspitzmorchel

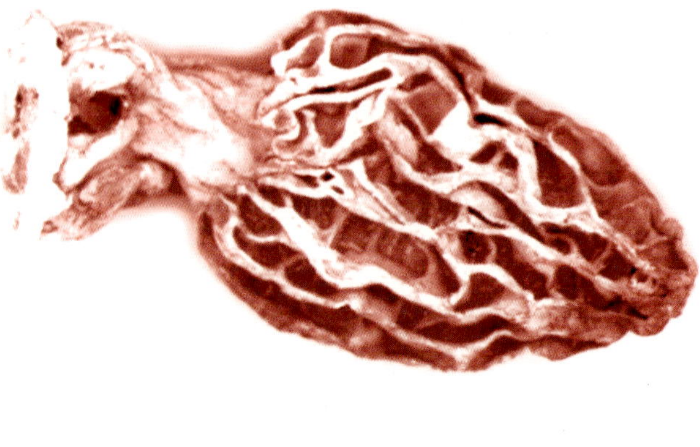

1 trockenes Brötchen

1 Zwiebel

1 gestrichener TL Salz

bißchen Pfeffer, Butter

Olivenöl

zwei 200-g-Becher griechischer Sahnejoghurt (z.B. von „Total")

2 Becher Sahne

200 g Iglo-Himbeeren, entkelcht und ungesüßt

50 g Baiser oder Meringen (ein starres Trockengebäck aus Eischnee und Zucker, das nur noch wenige Konditoreien auf traditionelle Weise herstellen: „Staubt nämlich umme Ohrn", wie der Berliner in seiner gelernt desillusionierten Art sagt)

Wachtelspinat

1. Als erstes wird das trockene Brötchen per Standreibe großzügig entrindet und in lauem Wasser wiederbelebt. Danach entsandet der Stümper den Spinat unter wuchtigem Wasserstrahl und zermetzelt die Zwiebel. Nun faßt er sich ein Herz und eine Schüssel und deppert die Eier hinein (Mißtrauische schlagen jedes Ei zuvor einzeln in eine Tasse, um es auf Überlagerung hin zu überprüfen). Sodann preßt der Stümper den Schrippenmatsch in der Faust über der Spüle aus und flockt ihn über die Eier. Salz und Pfeffer dazu, bevor der Schneebesen spricht. Ist alles verzwirbelt, kriegt die Pfanne Krieg.

2. Butter und Öl zerfließen lustig und begrüßen die Zwiebeln. Nach drei Minuten mittleren Feuers schüttet der Stümper den Spinat dazu und wacht rührend und rüttelnd über dessen rapiden Volumenverlust. Wenn das Zeugs glibberig geworden ist, wird das Ei eingegossen und binnen zweier Minuten zum Stocken gebracht. Das Ofenrohr ward längst unter vernehmlichem Fauchen entzündet. Die ganze Pfanne wandert dorthin – und nach fünf Minuten bei Stufe 6 (250° Elektro) ist es vollbracht. Die Frittata nur noch vom Pfannenboden losrütteln und auf dem Küchenbrett für ein paar Minuten auskühlen lassen. Interrupta heißt sie übrigens, weil das übliche Omelette-Verfahren unvermittelt unterbrochen wird: Das zerstörerische Wenden des Eierkuchens entfällt.

3. Während das Himbeer-Brikett zusammen mit vier EL Zucker allmählich aus seinem arktischem Schlaf erwacht, hat der Stümper längst die Baiser (sprich: Beséé) grob zerbröselt und unter das Joghurt-Sahnegemenge gegabelt. Den besten Menschen mundet es, wenn die Himbeeren in halbgefrorenem Zustand darüber plaziert werden. Dazu spielt das fabelhafte „Penguin Café Orchestra“ mit seinem auf der „Union Café“-CD festgehaltenen Instrumentalzyklus auf (Zopf Ltd, 1993/Polygram).

Die totale Küche!

Kurz vor dem Abi wurde dem jungen Stümper eine denkwürdige Aufgabe gestellt. Das in Honoratiorenkreisen beliebte Kriegstagebuch „In Stahlgewittern“ des Schriftstellers und Weltkrieg-1-Leutnants Ernst Jünger sollte per Klassenaufsatz einer Revision unterzogen werden, die es als friedliebend, völkerverständigend und schulbuchtauglich ausweisen sollte. Der Stümper plädierte seinerzeit für „Buttergewitter“ und umriß gleich Grundlinien eines Kochbuchs, das Schlachten auf Tiere und Pflanzen beschränken wollte.

Als einer der letzten Humorsoldaten fragt sich der Stümper heutigentags, was der im Jahr 98 im biblischen Alter von fast 103 Jahren verstorbene Hektor der deutschen Literatur zum Krieg der Mützen, Sterne und gekreuzten Bestecke, wie er in Gourmetjournalen und Gastroführern ja unablässig geführt wird, wohl zu bemerken geruht haben würde? Wohl dies:

„Was heute vielleicht noch nicht in aller Schärfe gesehen werden kann, das ist die Art und Weise, in der die Verschiedenheit der Gerichte sich abzuschleifen beginnt. Auf den ersten Eindruck kann sich der Gourmet vielmehr dem Eindruck einer außerordentlichen Mannigfaltigkeit nicht entziehen. Bei den Alten war das Kochen eine feststehende und teilbare Größe, heute ist sie eine Funktion, die sich total in Beziehung setzt.

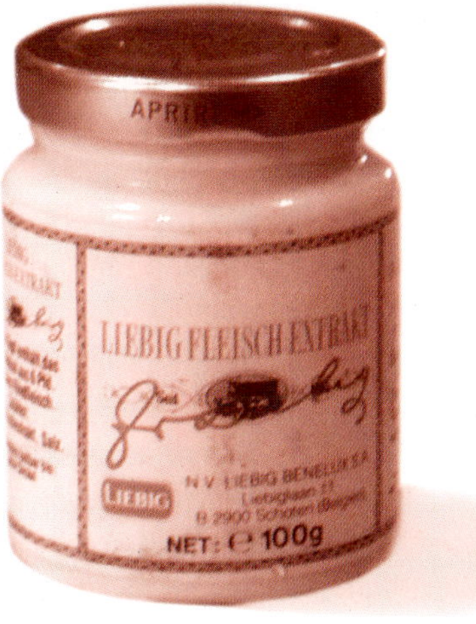

340-g-Blechkubus Corned Beef (z.B. „Armour Prime Quality" aus Argentinien)

dunkles Sauerteigbrot

Tabasco

1 TL grüner Pfeffer

1 Tasse Rotwein

1 Flasche grandiose Fleisch-Bouillon von „Liebig" (in vielen Kaufhäusern erhältlich)

1 Flasche Gölles „Alter Balsam Apfel Essig" aus steirischen Mostäpfeln (nur für die Casinovariante!)

Daher treten nicht nur sehr viele Dinge als Kochen auf, von denen das früher kaum zu träumen war, etwa Schneidbrennen oder Sackhüpfen, sondern es fließt auch ein totaler Küchencharakter immer mächtiger in die speziellen Gebiete ein. Es ist aber die Art und Weise, in der die Gestalt des Kochs die Welt zuzubereiten beginnt. So kommt es, daß, während Zuwachs und Absplitterung von Einzelrezepten sich steigern, daß Kochen sich gleichzeitig uniformiert und in jeder seiner Nuancen gleichsam dasselbe Urrezept zum Ausdruck bringt."

1. Das gekochte und hochverdichtete Rind wird mit dem beigelöteten Heringsöffner ausgedost, in daumennagelbreite Scheiben geschnitten und gleich beherzt mit Tabasco getränkt.

2. Inzwischen wurde die dicke Eisenpfanne von Tante Bertha ein paar Minuten unter volles Feuer genommen. Darin wird das gekochte Beef auf jeder Seite je eine Minute ohne jegliches Fett geröstet und gleich auf dicke Brotsockel gehebelt. Der Stümper würgt die Flamme nieder, schüttet beim Nachbarn requirierten Wein, 3 EL Bouillon sowie grünen Pfeffer ins Eisen und löst das Angehangene mit dem Gabelrücken. Nach entschlossenem Durchschmurgeln werden die Fleisch-Brot-Skulpturen mit der Soße und dem granatenstarken Balsamessig lackiert. Schnittlauch obenauf? Wieso nicht?

3. Noch abenteuerlicher wird es dem Stümper ums Herz, wenn ein vaterländischer Eichblattsalat in Senfgas-Vinaigrette die Stirnseite der Tafel bekränzt und die Polka „Unter Donner und Blitz" von Johann Strauß d. Ä. (op. 324) Vollrohr abgepoltert wird.

Übrigens: Appellkartoffeln mit Drillsauce ißt man nur zu Bismarckhering.

Picknix

Mit dem berühmten Roman „Die Picknicker" trat der berühmte britische Schriftsteller Charles Dickens Mitte des letzten Jahrhunderts eine Modewelle los: Das Picknick – oder, wie sich vornehmere Zeitgenossen auszudrücken beliebten: „Le Pique-Nique". Bis ans Ende seines Lebens grämte sich der greise Dichter, dieses Werk je in Angriff genommen zu haben. Doch vielleicht hat niemals ein Künstler mehr in die Freizeitkultur seiner Zeitgenossen eingegriffen als eben Charles Dickens.

Abertausende von Briten zog es an den Busen der Natur. Über und über bepackt mit Freßkörben, Thermoskannen und Schottendecken pilgerten sie hinaus ins Grüne und bemächtigten sich jedweden auch nur halbwegs ansehnlichen Fleckchen Grases, um sich mit Sack und Pack darauf niederzulassen. Der verblüfften Landbevölkerung müssen diese regelrechten Überfälle ein arger Graus gewesen sein – schon allein wegen des hinterher herumfahrenden Unrats. Doch Jammern half nichts. Das zweite Frühstück im Freien hat sich seither als unausrottbar erwiesen.

Für den Stümper ist „Picknix" in erster Linie eine Frage der Logistik: Wie wird der ganze Schamott nach draußen geschafft? Was darf auf gar keinen Fall vergessen werden (z.B. Pferdedecke, Armeerucksack, Schweizer Messer, Pfeffer- und Salztütchen von „McDonalds", Rolle Klopapier, chemische Keule) ... und wo sind Fuß-und Federball abgeblieben?

4 Tassen Bulgur (türkische Weizengrütze, semigrob)
6 Kartoffeln
1 gelbe und 1 rote Paprika
2 Fleischtomaten
5 normale Tomaten
4 Rote Bete
1 Bund Stangensellerie
1 Bund glatte Petersilie
1 Gemüsezwiebel
1 Knoblauchknolle
1 kleinen Finger Ingwer
1 Zitrone
1 Dose Kidney-Bohnen
volle Handvoll Walnüsse
fundiertes Graubrot
Olivenöl
Essig (origineller: persischer „Dadfar" oder „Verjus du Périgord", beides Saft von unreifen Trauben, der vor der Essig-Erfindung den Speisen Saures gab), 1/4 Geduld

Für die Tarte:

800 g Spargel, eine Packung fertiger Mürbeteig (entweder Pâte brisée vom Fronkreisch-Laden oder Nestle's „Back'n Roll"), zwei 200-g-Becher Crème fraîche, 100 g aufgeriebener Parmesan, Comté oder uralter Gouda, 4 Eier, 3 Schalotten, weißer Pfeffer, etwas Zucker

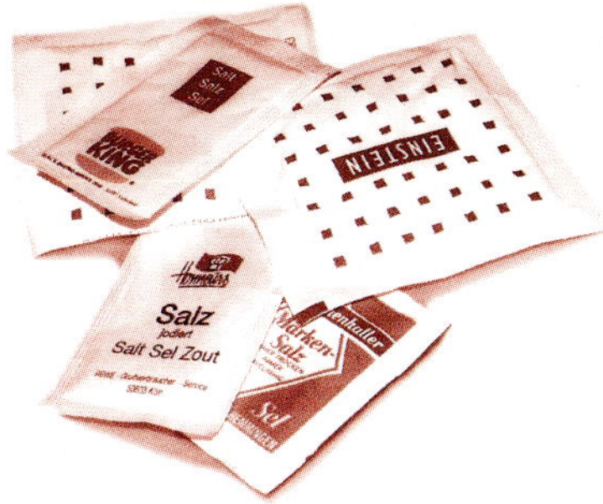

1. Der oder das Bulgur findet sich im Sieb wieder und wird im wohlbedeckelten Topf für mindestens eine halbe Stunde über blubberndem Wasser weich gedämpft; bis die Grütze soweit ist, hält der Stümper seine ausfluglustigen Schergen mit gezielten Anweisungen in Atem: Paprikas, Tomaten und Zwiebel kleinschnippeln! Petersilie und den Stangensellerie niedermähen! Rote Bohnen, raus aus der Dose! Und dann alles mit dem garen Bulgur zu einem bunten Salat vermengen! Tüchtig Zitrone und Olivenöl nicht vergessen! Und dann rein damit in ein hermetisch verschließbares Behältnis (Tupperware)! Ans Kommandieren kann man sich gewöhnen.

2. Die paar Kartoffeln sind in ungefähr 20 Minuten reif zum Hautabziehen und Zerpressen, was zusammen mit vier bis fünf EL Olivenöl, einem EL Essig sowie den im Mörser zerstoßenen Walnüssen geschieht. An dieser Stelle möchte der Stümper eine weit verbreitete Unsitte anklagen: die Verwendung der Knoblauchpresse. Sie ist lediglich imstande, die vulgäre Seite der Knolle hervorzukehren. Stattdessen werden gut und gerne zehn Zehen zerhackt und unter einem Häufchen Salz begraben. Nach einem Viertelstündchen zermanscht der Stümper sie mit flacher Klinge und mengt sie vorsichtig mit der Gabel unter den Kartoffelbrei. Dazu passen aufgeschnittene Rote Bete, die man immer häufiger abgekocht und in Folie eingeschweißt erwerben kann.

3. Den bereits zur Scheibe geformten Mürbeteig auf einer gut gebutterten Back- bzw. Springform ausbreiten, am Rand hochziehen und gut andrücken; für eine halbe Stunde in den Kühlschrank schieben. In dieser Zeit brät der Stümper die Schalotten mit drei Knoblauchzehen in großzügig bemessenem Butter-Öl-Gemisch rasch rösch, fügt die geschälten, in Rädchen geschnittenden Spargel dazu und brät auf Sparflamme für fünf Minuten weiter. Kurz vor Schluß noch eine Winzigkeit Zucker über den Spargeln zerschmelzen lassen.

4. Den Mürbeteigboden wieder aus dem Kühlschrank holen, mit der Gabel ein paarmal einstechen und knapp 15 Minuten bei 180° (Gasstufe 6) im gut vorgeheizten Rohr starr backen.

5. Eier, Crème fraîche, wenig Salz, etwas Pfeffer in einem angemessen großen Schlagkübel gründlich durcheinanderwerfen und mit dem abgekühlten und mit Parmesan bestäubten Spargel vermischen. Dann gießt der Stümper alles in das Mürbeteigbett, bedeckt es mit Alu oder Backpapier und läßt das Ganze wiederum auf Gasstufe 6 (180 Grad) 30 Minuten dörren. Danach wird die Metallplane abgenommen: Jetzt sind 10 Minuten Bräunung fällig.

6. Anstelle von Spargeln lassen sich auch viele andere Gemüse verarbeiten – allen voran Spinat, den der Stümper nur für zwei Minuten in heißer Butter anbrät und gut ausdrückt, bevor er ihn auf den Teig tut. Zuviel Flüssigkeit muß hier grundsätzlich bekämpft werden. Leicht suppt es durch Kuchenboden und Springform und versaut den ganzen Backofen.

7. Sollte inzwischen ein Weltumschwung beim Wetter eingetreten sein, gibt es anstelle von Tarte in der Sonne Tortillas im Regen.

Kaderfrühstück

Auf dem Weg in die klassenlose Gesellschaft schufen die DDR-Genossen als erstes eine Extraklasse, deren Mitglieder unter dem Oberbegriff „Kader" zusammenfanden. Als den Gebietern über die sozialistische Privilegienschlacht stand ihnen nach aufreibenden nächtlichen Sitzungen am nächsten Morgen in der „Roten Ecke" – der Kuschelecke im Speisesaal – ein Kaderfrühstück zu Gebote, das mit exzeptionellen Delikatesskis bestückt war.

Wer nicht arbeitet, soll auch nicht essen, so hatte es einst der vielbewunderte Massenmörder Wladimir Lenin bestimmt, – jedenfalls nicht viel, dafür aber umso prächtiger. Die Zutaten wurden aus den sogenannten Delikat-Läden (die entsprechende Ladenzeile in der Hauptstadt der „DDR" taufte der Volksmund „Neu-Deli") beschafft; gab es Engpässe in Sachen Bückware, durfte das NSW (Nichtsozialistisches Wirtschaftsgebiet) eben mal aushelfen.

Noch eine Kleinigkeit: Die für so ein solides Rettungs-Rezept unerläßlichen Spiegeleier durften wegen der Boykotthetze eines feindlich-negativen Hamburger Presseerzeugnisses seinerzeit nicht beim vertrauten Namen genannt werden. Das Politbüro, so hieß Honeckers Küchenkabinett in Fachkreisen, fand einen Ausweg: Nein, keine Rühreier. Mit der Bezeichnung „Reflecta-Eier" bedienten sich die Genossen vielmehr des Namens ihres größten Herstellers von Industrie- und Haushaltsspiegeln sowie Tageslicht-Reflektoren und wiesen das Kombinat mit einer berühmt muffigen Order an, unverzüglich eine zukunftsweisende Eier-Einheitsbratpfanne zu entwickeln. Sie kam unter der Bezeichnung „Perwuchin" in den Handel.

Gewiß mag es ausgefeiltere Methoden der morgendlichen Aspirin-Vermeidung geben, doch hat es dem Stümpertum der kompromißlose Kaderlaß dieser sozialistischen Morgengabe angetan:

4 Rock'n Rollmöpse

1 Seite Graved Lachs (günstig bei „Aldi", aber ziemlich fett, weil vermutlich aus dem Folter-Fjord)

300 g Tartar

3 Sardellenfilets (bestens: 50-g-Dose „Rizzoli-Alici" aus dem letzten Italienurlaub)

1 Flasche Rotkäppchen-Sekt

1 Gläschen Wodka

6 Eier

2 Schalotten

4 mittelgroße, süßsaure Spreewaldgurken

1 Flasche „Liebig Fleisch-Bouillon"

1 Fläschlein „Angostura Aromatic Bitters"

2 Zitronen, 2 Scheiben Zwieback

1 Bund Feinschnittlauch

Senf (s.u.), 1 Babyhandvoll Kapern

schwarzer Pfeffer

Salz, Olivenöl, Butter

dicke Bemmen dunklen Brots

1. Rollmöpse, Lachs, Gurken und Schnittlauch cholerisch zerhacken, sicherheitshalber auch noch per Gabel zerdrücken und in einer Schüssel gründlich wiedervereinigen. Mit Pfeffer, wenig Salz und Wodka abschmecken. Im Kaltenkriegschrank ein wenig anfrosten lassen.

2. Dann schlägt der Stümper zwei Eiweiße steif wie Krenz und mendelt Tartar, grazil geschnittene Schalotten und zuvor auf einem Brettchen zermatschte Sardellen sowie mit flacher Klinge kaputtisierte Kapern hinzu. In lauwarmem Wasser erweichte Zwiebäcker folgen gut ausgedrückt. Zwei Teelöffel Senf, ein EL Bouillon-Konzentrat, ein Gran Salz sowie viele Spritzer Angostura runden ab, wie man so sagt. Gleich darauf formt der Stümper vier nicht über Bierdeckelgröße gehende, recht flache Küchlein und brät sie in Öl-Butter-Gemisch auf nicht übertriebener Hitze beidseitig für je knapp zwei Minuten an. Noch in der Pfanne ordentlich mit Zitrone überträufeln.

3. Das Reflecta-Ei besitzt eine Dialektik für sich. Zu harsch gebraten, erhält man zwar einen krossen Boden, doch der delikate Geschmack der geflügelten Schalenfrucht ist dahin. Versierte Pfuscher schicken die Eier in gemäßigt gewallte Butter und purzeln einen Deckel über die Pfanne. Nach gerade einmal fünf Minuten ist das Gelbe mit einer transparenten Gaze überzogen und schmeckt wie früher, als die Hennen noch vogelfrei herumliefen und den Müslis die Körner wegpickten.

Nix für Ostverächter: Kultartikel mit EVP

4. Zeit-Genossen, die es hart ankommt, nach den Exaltationen der nächtlichen Gosse die Klüsen wieder aufzuschlagen werden vom Stümper allein schon durch die souveräne Art der Anrichtung wiedererweckt – nur alles auf gut gebutterte Bemmen stemmen. Der Stümper schwört: Das wirkt!

5. Begleitmusik? Musik für die Nase könnte man das Kölnisch' Wasser des Italieners nennen: ACQUA DI PARMA. Der Stümper legt diesen ältlichen Duft aus Lavendel und Zitrus besonders gern an, wenn die angebetete Rotraud samt ihrer WG hergebeten wurde. Denen kippt er dann schäumenden Rotkäppchen-Sekt in die Zahnputzgläser und wirft ein furchterregendes „Grotewohlsein!" in die Runde. Von dieser runkelsüßen Zonen-Brause hat der Stümper schon dermaßen viele Kelche vom Tablett gehebelt, daß er sich fast schon als Wolf bezeichnen könnte.

Stasi-Goreng

„Wissen ist Macht. Viel Wissen macht nichts", dieser Satz des Stümper im Philosophen könnte auch als Leidmotiv über das ungute und gewiß auch frustrierende Wirken der Männer um den Stasiboß Erich Mielke geschrieben stehen, die eben noch ihr „Kaderfrühstück" vertilgt haben. Schließlich haben Leute dieses Schlages den Beweis erbracht, daß nicht einmal Allwissen vorm bodenlosen Sturz in Ohnmacht und Schande schützt.

Vom Küchenzettel der geheimen Organisation verbleibt letztendlich nur das „Stasi-Goreng" als überliefernswert. Zweifellos ist es mehr Gerücht als Gericht, setzt es sich doch aus einer Vielzahl abgehörter Rezepte zusammen, deren Übermittlung man für einen besonders heimtückischen Code feindlich-negativer Aktivität hielt. Der Kantine in der Berliner Normannenstraße, dem Stammhaus der Stasi, blieb es vorbehalten, das Erlauschte auf seinen konspirativen Gehalt hin nachzukochen und eigengaumig zu verkosten. Die Rezepte gehörten zu den bestgehüteten Kominterna. Niemand durfte darüber sprechen! Der Gast der Stasi-Küche genoß und schwieg.

Der Stümper läßt sich an dieser Stelle gerne abschöpfen und präsentiert die Zutatenliste aus dem streng gehüteten Eiskeller der Gauck-Behörde. „Goreng" bedeutet übrigens die in Registrier- und Redigierkreisen beliebte Buchstabenverdrehung verschlüsselt: „Gen.gor" – abgekürzt für Genossen essen „gor", sächsisch für die Zustand des Garen, ein Privileg, das die Inoffiziellen bis zur Breihaftigkeit auskosten durften:

5 Teetassen patnamäßiger Komintern-Reis
150 g rosa Champignons
100 g geschälte und abgekochte Shrimps
100 g Sojabohnensprossen
2 rote Zwiebeln
3 konkrete Knoblauchzehen
etwas Curry- und Chilipuder von den indischen Genossen
1 Däumling Ingwer
2 Stangen Staudensellerie
1 Tütchen Splittergruppen-Mandeln von Arafats Leuten
Sojasoße
2 TL scharfer Genossenf
2 EL Erdnußöl von den maoistischen Abweichlern

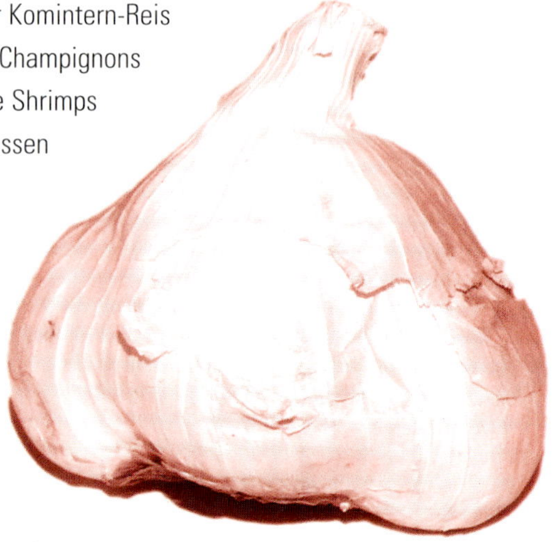

1. Der Stümper liebknechtet proletarisches Leitungs-Wasser bis zum Siedepunkt und kocht darin Reis oder auch Spaghetti für 12-15 Minuten; für spätere Reiszwecke verfügt sie der Stümper in ein Sieb und befreit sie mit einer vollen Ladung stahlkalten Wassers von der Getreide-Stärke des Klassenfeindes. In der roten Sonne des Ostens nächst der Fensterbank leicht anöden lassen. Manche stecken ihn auch in den gefährlich knarzenden Liebknecht-Kühlschrank, aber das ist nicht unbedingt nötig.

2. Nun aktiviert der Stümper seine Pfanne vom Kombinat „Lokomotive Stahl Eisenerz“ und wärmt darin einen EL Öl. Darin bruzzeln die gehackten Zwiebeln für knapp fünf Minuten, anschließend von Curry bestäubt und mit Senf vermengt. Nach einer Minute fügt der Stümper die gescheibelten Champignons hinzu sowie die unverletzten Sprossen. Nach drei Minuten ist die Sache zum Stümpervorteil gelaufen und wird in eine Schüssel gesteckt.

3. Der zweite Öllöffel verteilt sich prasselnd im heißen Pfannengrund. Der Reis und 1 TL Sojasoße landen dort und werden für rund 10 Minuten gemäßigt gebraten. Zum Schluß knotet der Stümper die Zutaten aus Position 2 ein und serviert seinen hungrigen Genossen ihr heiß ersehntes Stasi-Goreng. Er selbst, für seinen Teil, hat davor so seine Manschetten.

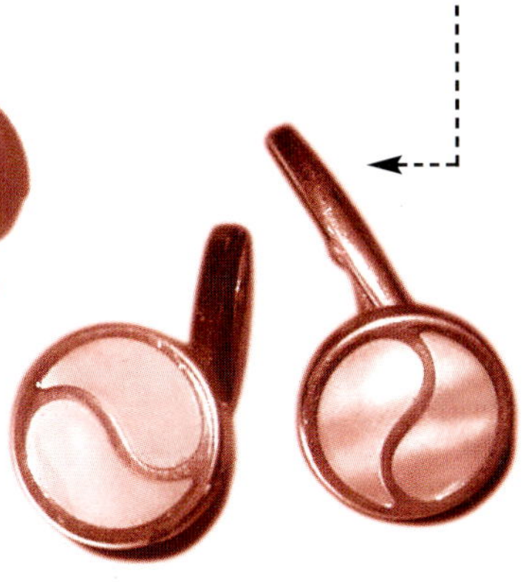

Flunker – Ei

Keineswegs nur am 1. April sinnt der Stümper auf Abwechslung von der Wahrheit. Auch unter dem Jahr ist manch eine schwindelerregende Gaunerei willkommen, sofern sie zu Unterhaltung und Seelenfrieden beiträgt. Im Fernsehen kommt ja oft nichts Gescheites.

Bedenkt man allein, wie viele Eier vom österlichen Treiben übriggeblieben sind, kann einem glatt schlechtwerden! Bevor sie im Eisschrank womöglich faul werden, gibt sie der Stümper mit Hilfe eines kleinen Tricks als Champignons aus und freut sich, wie willig seine sonst so skeptische Gemeinde das Geflunker schluckt, besonders dann, wenn der Stümper Spargel in petto hat:

- 8 freilaufende Eier
- 2-3 Gläser Sherry
- 1 ganzes Kilo weißer Spargel
- 2 Schalotten
- 3 kleingeratene Cornichons
- 100 g Parmesan
- 1 Zitrone
- 1 TL Kapern (in grobem Salz eingelegte)
- weißer Pfeffer
- Zucker/Puderzucker
- Olivenöl (vom Stümper Wochen zuvor unter der Zugabe von roten Peperoncini – die günstigen vom Asia-Markt! – wild angeschärft)
- winzige Phiole Vanille-Essenz (viel besser: Vanille-Mark aus dem Öko-Laden)

1. Spargel am Fuß großzügig abholzen, schälen und gnadenlos enthaupten; Köpfe beiseite legen. Danach kocht der Stümper die Stangen in gut gesalzenem und leicht gezuckertem Wasser für ungefähr 10 Minuten ab. Sie sollen schön bißfest bleiben oder halt „a la dente", wie man draußen im Volke sagt.

2. Sind die Spargel im Bauknecht hübsch erkaltet, werden sie in schmale Rädchen geschnippelt und mit feinfurnierten Schalotten, gehackten Cornichons und zertrümmerten Kapern, 4 EL Olivenöl sowie dem Saft aus einer halben Zitrone mariniert. Argwöhnisch anpfeffern und leicht nachsalzen. Auf vier Tellern portionieren und mit den roh gebliebenen Köpfchen ringsum ikebanaartig garnieren.

Das Ei des Kopernikus

3. Eigelb vom transparenten Glibber mit größter Sorgfalt trennen. Den Sherry (zur Not tut es ein ordinärer Weißwein plus Zuckerwürfel) nach ein paar stärkenden Schlucken in einem Töpfchen zum Kochen bringen und das Gelbe vom Ei in zwei Schichten für nur jeweils eine Minute darin abkochen. Je zwei schrumpelige Kugeln (die jetzt tatsächlich Champignons verteufelt ähneln) auf den Spargelsalat setzen und mit gehobeltem Parmesan verzieren, wozu der Spargelsparschäler einmal mehr gute Dienste leistet. Pro Schandmaul je ein EL aus dem Sherrybad beschließt die stümperliche Anstrengung für diesen Tag.

4. Doch was geschieht mit dem zurückbehaltenen Eiweiß? Der Stümper weiß Rat: Daraus werden Baiser, aus Kindertagen auch als „Meringuen" vertraut. Eiweiß in eimerhafter Schüssel zu Schnee prügeln und dann 10 gehäufte EL Puderzucker vorsichtig mit dem Besen dazukehren – bis die flummige Masse glanzt. Anschließend per Gummispatel weitere 20 EL Zucker einarbeiten sowie zwei TL Vanille-Essenz und ein ganz klitzekleines bißchen weißen Pfeffers.

5. Den Schnee in faustgroßen Haufen auf ein gefettetes und üppig bemehltes Backblech plazieren, mit feinem Zuckerpulver bepudern und bei Gasstufe 1 (140° Elektro) knapp 50 Minuten zu hellbeigen Schaumgeburten austrocknen. Ihr Wegbaggern begleitet Schrammelmusik aus der Lagune: „Venezia La Festa", dargeboten vom Ensemble des traditionsreichen „Gran Caffè Quadri" am Markusplatz (Basic Edition/Winter & Winter 1997).

Quatsch mit Soße

Zuweilen nimmt der Stümper die schmale, in Öltuch geschlagene Kladde von Oma Gertrud zur Hand, in der sie ihre Rezepte verzeichnet hat. Er erfährt, daß die Leute früher wenig Scheu vor Schmalz hatten – wenn sie es denn bekamen (die Vorratshaltung wurde sozusagen in den Körper verlegt) – und auch sonst nicht zimperlich waren. Zum Beispiel mit Eiern ging man verschwenderisch um, aber auch mit Kräutern. Ihnen galt eine Aufmerksamkeit, ja Ehrfurcht, die sich aus ihrer heilenden Wirkung erklärt. Wenn der Stümper dann von der Demut und Güte berührt wird, die aus dem ganzen Büchelchen spricht, möchte er das Heft gar nicht mehr aus der Hand geben.

Wo dagegen Prahlhans Küchenmeister ist, wird man kaum der geballten Kraft frischer Kräuter begegnen. Der Stümper als passionierter Grünschnabel steht angstlos an, für Grünstengel einen Strauß auszufechten: Mit der berühmten „Frankforter Maintunke" oder „Grie Soß". Beim Rupfen und Zupfen summt der Stümper die alte Waise: „Sah ein Knab' ein Kräutlein stehn..." Ja, wahrhaftig, diesem Goethe, dem klebte das Glück an den Versen.

Bei so viel Grün – Hände waschen nicht vergessen! !

1 Bund Schnittlauch
1 Bund glatte Petersilie
1 Bund krause Petersilie
1 Bund Kerbel
1 Bund Sauerampfer
1 Bund Kresse
6 Blätter Borretsch
1 Bund Minze
2 hartgekochte Dotter
1 1/2 EL Senf (wir sagen nur „Tonoli"!)
1 Bund Pimpernelle (für den hier unerläßlichen Muff-Geschmack nach jahrzehntelang geschlossener Kommodenschublade)
4 Schnapsgläschen neutral schmeckendes Öl (am besten Traubenkernöl)
1 Zitrone
1 TL Zucker
schwarzer Pfeffer
Salz

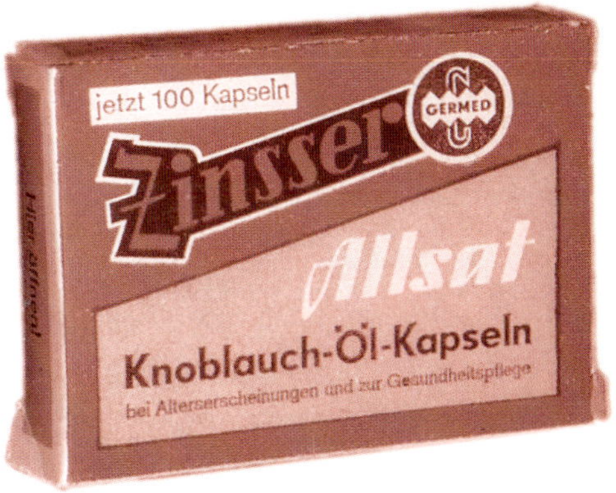

1. Unter bleckendem Strahl werden die Kräuter gewaschen und im Handtuch frottiert. Dann beginnt die Entstielung und Aussonderung von Angegammeltem sowie allerlei Gewürm und Geschnetz, das sich womöglich zwischen Blättern und Stengeln versteckt hält wie die RAF in der Plattenbausiedlung.

2. Der Stümper schnittelt den Schnipplauch wie immer mit der Schere in feine Röllchen, Petersilie dagegen wird zu grünem Matsch gebeilt, Kerbel, Minze und Pimpernelle auf das feinste verzupft, Sauerampfer, Kresse und Borretsch wieder wild zerhackt. So kriegt jedes Grün seine Extrawurst gebraten.

3. Die beiden kalten Dotter durch ein Sieb streichen, dann in einer Schüssel mit Zitronensaft, Senf, Zucker und Öl verrühren, lind salzen, leicht anpfeffern. Dann sämtliche Kräuter dazuwerfen und mit der Gabel panisch unterpflügen. Eine Hand rührt, die andere schmeckt ab (anstelle von Öl kann der Stümper auch mit einem Becher Joghurt arbeiten, und mit zwei kleingeschnittenen Schalotten wird der Brei noch kräftiger. Im übrigen kann mal ein Kraut gegen ein anderes ausgewechselt werden – nur Basilikum ist mit Verbot belegt). Kaltstellen. Fertig ist die Laube.

4. Quatsch mit Soße paßt gut zu rohem Gemüse, Pellkartoffeln, hartgekochten Eiern und – Stümper-Spezialtip – zu Matjesfilets. Das auf den Tellern des Frankfurter „Lu-Xus-Clan" oft zur grünen Soße gesehene Ochsenfleisch mundet in Kapern- und Meerrettich oder mit venezianischer Mostarda (ein Quittensenf von besonderer Güte) einfach viel besser.

Zu diesem sommerlichen Gericht paßt ein betont sommerliches Getränk: Eistee. Ganz wunderbar schmeckt der aus Italien importierte „Twinings Earl Grey" in schmucker Flasche, auf deren Rückseite auch noch die genaue Rezeptur zum Selbermachen angegeben ist.

Auch hier wieder richtig: der Komponist des Unmöglichen!

Gemüsli

Ein Müsli besteht aus rohem Getreide und ist gut für Kinder und andere Hoppereiter – ein Gemüsli aus rohem Gemüse ist eher etwas für Erwachsene und solche, die es werden wollen. Statt Milch und Zucker verordnet der Stümper roh verbleibenden Gemüsen eine Thunfisch-Mayonnaise.

1 Fenchelknolle

1 Staudensellerie

3 Möhren

3 Eigelb aus sogenannter freilaufender Produktion (Vorsicht vor „Bodenhaltung"!)

1/4 l bestes Olivenöl

150-g-Dose Thunfisch

15 Kapern (wenn möglich in grobem Salz eingelegt)

3 Sardellenfilets

Saft aus einer Zitrone

Die Wahl der Qual!
Glas links:
Kapern in Salz
oben:
Jahrgangssardinen
links:
Sardellen in pikanter Soße

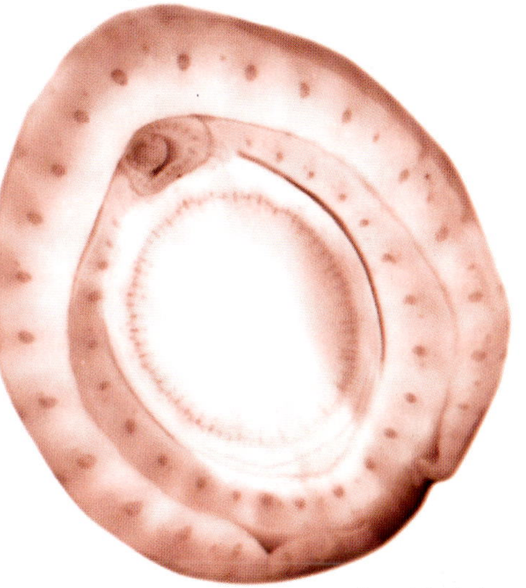

Zwerchfenchel
hilft bei Katarrrh übern Berch.

1. Die drei Eigelbe mit dem Schneebesen in einer nicht zu klein geratenen Schüssel schaumig prügeln und dann tröpfchenweise das Olivenöl dazuträufeln – bis die Masse strotzt vor jener glatten Starre, die den meisten Stümpern vom Fugenkitt her bekannt sein dürfte.

2. Sardellen, Thunfisch, Kapern mit Zitronensaft zu einer Minute Mixer verurteilen (Deckel aufsetzen nicht vergessen!) und den aschgrauen Matsch gleich in die Öl-Ei-Emulsion rühren. Merk dir, Stümper: Nicht alles, was schmeckt, muß dem Auge eine Pracht sein! Unsere Gemüsli-Tunke präsentiert sich zunächst als schauderhafter Brei, der seine außerordentliche Delikatesse erst dem Gaumen mitzuteilen bereit ist. Falls es noch nicht aufgefallen sein sollte: Die Zugabe von Salz ist diesmal unnötig, denn sowohl Kapern, Sardellen als auch Thunfisch sind aus konservatorischen Gründen vollgesogen mit Mineral.

3. Die allseits gewaschenen, hier und da per unsentimentalem Schnitt gesäuberten und, wo nötig, mühselig von den Außenhüllen befreiten Gemüseligkeiten werden von des Stümpers Schergen in schmale Stifte gekantet und sofort mit dem restlichen Zitronensaft beträufelt. Dargeboten werden die rohen Sachen auf der kontinentalsten Platte des Haushalts (auch das gut gespülte Präsentiertablett, einst dem Halbwüchsigen zur Kommunion beziehungsweise Jugendweihe aufgenötigt, leistet hier erstmals treffliche Dienste), und die possierliche Wanne mit der Mayonnaise landet direkt im Zentrum.

4. Nun fragt sich, welche Musik am besten mit Gemüse harmoniert. Die Meinungen gehen da auseinander. Die einen bevorzugen die exaltierten Lieder von Mina, der Tigerin von Cremona („Mina Brava", Time Warner 1981), andere lauschen lieber Emma Kirkby, der Callas des frühen Barock, und ihrer furchtlosen Deutung von Händels italienischen Kantaten (Decca 1985).

Ragout Fin de Siècle

Mit Goliathschritten stapft ein neues Millenium heran. Noch wiegen wir uns in trügerischer Ruhe. Doch GEZ-Fahnder, Sektvertreter und T-Aktien-Anwerber verheißen ein apokalyptisches Zeitalter. Gottlob saugt der Stümper aus der Krise seinen Honig. Im Zeichen einer künftigen Ethik, die das Fleisch am Knochen lassen wird und das Tier am Leben, schürt er eine vegetarische Intrige, feinstem Kalb nachempfunden und dabei täuschend echt. „Vegetarismus ist", schreibt der isländische Dichter Halldór Laxness, „die Kehrseite der Trunksucht, eine Art Besäufnis auf Abwegen."

Sojawürfel

getrocknete Waldpilze aus dem Veneto

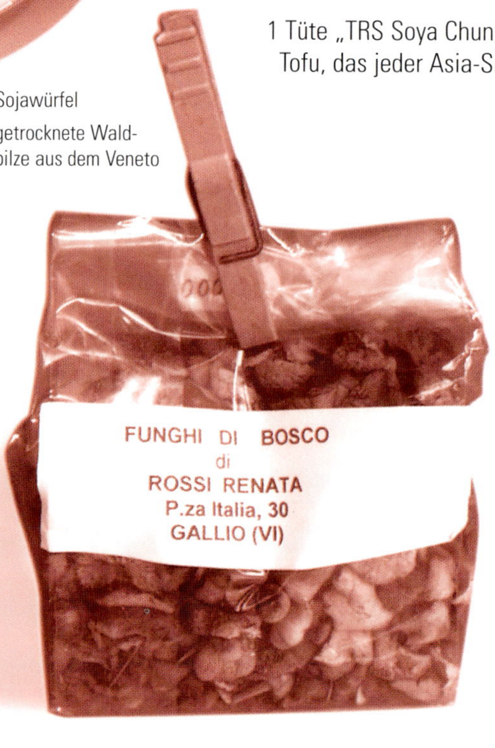

- 1 Tüte „TRS Soya Chunks" (in Würfeln getrocknetes Tofu, das jeder Asia-Shop führt)
- 8 Blätterteigpasteten
- 2 Schalotten
- 30 g getrocknete Waldpilze (besser: Steinpilze)
- 4 weiße Champignons
- 1 Becher Sahne
- 1 Bund Schnittlauch
- eingesalzte Kapern
- „Supella"-Gemüsebrühe
- bißchen Weißwein
- Worcestersauce (nur „Lea & Perrin's" gilt)
- 1 „unbehandelte" Zitrone
- weißer Pfeffer
- Zucker
- Butter
- Olivenöl

1. Zuerst werden vier EL Sojabrocken mit den Trockenpilzen in lauwarmem Wasser, einem TL Zucker sowie einem unkontrollierten Schuß Wuster eingeweicht. Dann filetiert der Stümper die Schalotten und zerhexelt die Champignons. Erst wenn der Schnittlauch auch noch niedergemäht worden ist, streckt der Stümper seine Waffe auf die Hausbank.

2. Zwei EL Öl sowie die entsprechende Menge Butter plumpsen in den hitzigen Topf, kurz darauf die Schalotten und nach ein paar Minuten die frischen Zuchtpilze. Beim Schmurgeln heißt es gehörig Obacht geben – im Zweifel ist die zagendste Flamme die bessere Wahl. Wenig später kommen die in eigener Faust ausgewrungenen Sojawürfel und Wildpilze dazu. Nach knapp 10 Minuten dürfen eine Tasse Weißwein und die Sahne Feuerwehr spielen. Tüchtig herumspateln, ein EL Kapern einwerfen, mit 1 TL Gemüsebrühe, Pfeffer und abgeriebener Zitrusschale entschlossen durchwürzen und dann alles leis ineinander verschwimmen lassen.

3. Inzwischen machen die Stumpen aus Blätterteig Bekanntschaft mit tropischen Temperaturen, wie sie in gemäßigten Zonen höchstens im Ofenrohr herrschen. Für nicht ganz 10 Minuten backen sie bei Stufe drei auf geöltem Blech, die Käppchen brav daneben plaziert.

4. Gepilz und vor allem die Sojawürfel haben die Soße fast aufgesogen – hohe Zeit den ganzen Klump in die heißen Förmchen zu füllen. Dabei wird allerhand Worcester verspritzt, was im Verein mit aufgewirbeltem Schnittlauch der Küchenwand nebenbei noch zu modischem Dekor verhilft. In der Röhre kriegt unser „Jahrhundertend-Würzfleisch" (wie man in den neuen Ländern sagt) auf Stufe sechs den Rest. Eine Werbeunterbrechung bei SATT 1 reicht für diese Prozedur völlig aus.

5. Die Götter haben aus purem Neid vor den schönsten Ruhm den Schweiß und hinter das beste Ragout das Magendrücken gestellt. Mithin müssen ein paar Zigaretten sein – und zu einer hellen Speise gehören allfällig Virginias, die das Grimmen von drunten schlau in den Kopf lenken.

Risotto-Normalverbraucher

wissen oft nicht, daß zum Risotto ein spezieller Reis gehört. Für die italienische Küche sind unter knapp fünfzig im europäischen Süden heimischen Sorten vor allem drei mit eher rundem, dicklichem Korn wichtig und hierzulande auch erhältlich: Arborio (superfino), Vialone Nano (semifino) und Carnaroli (superfino); letzterer zählt zu den feinsten Spielarten dieses bedeutendsten Ernährers der Menschheit und wird vom Stümper fast schon ikonenhaft verehrt.

Damit es nicht zum gefürchteten Reishusten kommt, will der Reis nachhaltig mit Flüssigkeit infiziert werden. Der Stümper weiß, daß er da – wie bei Spaghettis – stets entweder zuviel oder zuwenig kocht, nie jedoch die treffende Menge für vier Nasen. Also hat er sich nach einer verläßlichen Bemessungsgrundlage umgesehen: Chinesische Reisschälchen aus Porzellan. Die mit den eingebrannten Körnern. Sie gehören sowieso in den Haushalt und sind nebenbei für die Aufbewahrung von Resten ideal. Untertasse drauf – und ab damit in kalten Schlaf.

2 Schalotten von mittlerem Wuchs

(Risotto immer mit Schalotten, das kann man zum Gesetz ausrufen)

1 faustgroßer Radicchio-Salat (im Frühjahr den länglichen Trevisano, der sich besser fürs Risotto eignet)

2 Möhren

5 Triebe Stangensellerie

1 Bund Petersilie

2 Chinaschalen gestrichen voll von Italo-Reis

6 EL geriebener Pecorino-Schafskäse

Gemüsebrühe

1 Tomate, Brösel

Butter, Olivenöl

weißer Pfeffer, Salz

1. Nach den üblichen Waschgängen, die vom Stümper beileibe nicht mit letzter Konsequenz betrieben werden, kommt das Gemüse unters Messer. Zunächst wandern die kleinstgehackten Schalotten in den nur mäßig erhitzten Topf, worin zwei EL Olivenöl in Gesellschaft eines tüchtigen Hiebs Butter herumlungern.

Kaum ist das Gezwiebel transparent, gelangt das restliche Gemüse sowie die Petersilie dazu und wird bei noch mindererem Feuer glasiert, das heißt mit Bratfett gelackt.

2. Währenddessen wurde der Radicchiokopf großzügig von den äußeren Blättern befreit und in Fetzen geschnitten. Wenn das violette Zeugs im Topf angekommen ist, wird alles für zwei Minuten herb hochgeschmurzelt.

3. Reis regnet ungewaschen dazu und wird vom Stümper per Holzspatel mit dem Gemüse verschwistert. Längst wartet ein guter halber Liter in kochendem Wasser gelöste Gemüsebrühe in einem Behältnis. Pö-â-pö fließt sie jetzt unters Feste. So ein Risotto fesselt an den Herd – also wird das ständige Rühren und Nachgießen eindringlich musifiziert, wobei ein kerniger Beethoven gut zu Reis paßt. Tip: „Back in the U.S.S.R.", Pianosonaten beihergespielt von Valery Afanassiev (Denon). Wenn die Sonate Nr. 30 durchgeorgelt ist, sollte das Gericht schön weich sein, aber doch auch noch mit Biß. Ertönen allerdings des Pianisten Poeme aus dem Küchen-Blaster, die der tonkünstlerischen Darbietung beigegeben sind, dürfte es sich bereits in der Anbrennphase befinden.

4. Nun zu guter Letzt wird der Käse bei abgedrehter Flamme mit dem Reis verschmolzen. Mit Salz muß der Stümper vorsichtig umgehen, weil Brühe & Käse schon ein Erkleckliches davon ungefragt mitgeliefert haben.

5. Für die optische Fokussierung auf dem tiefen Teller schneidet der Stümper eine Fleischtomate in vier gleich dicke Scheiben, salzt und pfeffert sie. Die werden in Semmelbröseln (z.B. in goldigem Mutschelmehl der Firma „Leimer" – leider selten im Regal) gewendet und eine Minute auf jeder Seite im bekannten Öl-Butter-Gemisch abgebraten. Ein Blättchen Balkon-Basilikum ziert.

Tomatenmark Brandenburg

nennt der Stümper das Gefilde ringsum die Bundeshauptstadt Berlin – und sogleich sinnt er auf eine Methode, mit der die erntefrischen Kerle mit dem knallroten Lachen auf den Backen für novemberliches Hasardkochen erhalten werden können: Die Rede ist von Tomaten.

Ein wohlgefülltes Futterlager ist ganz nach des Stümpers Geschmack – verheißt es doch Rettung bei plötzlichem Gästebefall und natürlich auch samstags kurz vor „ran", wenn es wirklich einmal schnell gehen muß. Nicht grundlos wurden die ganzen Jahre über Preßgläser mit dem typischen „Sicherheitsdeckel/safety cap", in denen sich einmal Würstchen, Marmelade oder Gurken befunden hatten, sorgsam ausgespült und im Regal zur Habe gefügt. Für das heutige Experiment fingert der Stümper drei handhohe Meica-Würstchengläser hervor und spült sie aus, auf daß sich der Räuchergeschmack verflüchtige. Sie werden auf der Waschmaschine neben dem Herd aufgestellt und von dort aus Zeugen hochstümperlichen Schaffens:

20 frische Tomaten aus der Mark

1 Staude Bleichsellerie

2 Möhren, dünner Bund Schluppen

1 Stange Zitronengras (und weil der Stümper schon mal im Asia-Markt ist: noch'n Tütchen Zitronenblätter dazu)

3 Sterne Anis

3 Peperoncini

Olivenöl

Salz

gemeine Schraubgläser

1. Als erstes wird der große Spaghettitopf, halbvoll gefüllt mit Wasser, unter speiendes Feuer genommen. Unvermittelt werden Schluppen, drei Stangen Sellerie und Zitronengras gewaschen, oben und unten geköpft, dabei von schmutzigen Stellen und Verschrumpelungen befreit. Schluppen und Sellerie müssen in winzigste Einheiten zermessert werden – genauso wie die beiden Möhren. Gerecht teilt der Stümper das zerschredderte Gemüse den drei Gläsern zu und wirft jeweils ein scharfes Schötlein hinterher. In zwei von ihnen gelangt noch dieses vogelspinnenartig aussehende Sternanis, ins dritte wird ein mittelfingerlanges Stück Zitronengras gesteckt (ein paar Zitronenblätter dürfen auch mit rein), das der Stümper zuvor mit dem Hammer des Hauses angequetscht hat. Alle kriegen einen dünn gestrichenen TL Salz ab.

Anis!
Gesundheit!

2. Wasser wallt! Wie Hummer – also ohne Vorwarnung – werden die Tomaten eingeworfen und zwanzig Sekunden sich selbst überlassen. Keine Angst, Tomaten können schwimmen. Bis hundert zählen, dann Feuer zurück: In einem Suppenteller neben dem Herd sticht der Stümper die Stielansätze mit einem spitzigen Messer zylindrisch aus und streift die wehrlose Hülle ab. Vier Tomaten können so gleichzeitig entleibt werden. Zwei Zinken der Gabel fungieren als Messerführung: Ratsch-ratsch-ratsch wird das Tomatenfleisch niedergepflügt und anschließend in den Gläsern übers Gemüse geschichtet. Nur noch je drei EL Olivenöl einfüllen und abdeckeln. Zuoberst sollte ein Stauraum von der Breite einer Streichholzschachtel bleiben.

3. Der Stümper verdeckelt die Gläser und postiert sie im Topf. Möglicherweise muß er noch draußen Wasser nachgießen – bis knapp unter der Höhe des Tomatenmatschs. Bei leisem Blubbern (kleine Flamme links vorne, Deckel drauf) verläßt der Stümper die Walstatt, um frühestens nach 60 Minuten eben mal zum Abdrehen vorbeizuschauen.

4. Auf Reis gelangt der Inhalt so einer Konserve zu sich selbst. Nudeln sind auch nicht verkehrt und noch freudiger aromatisiert er gebratene Hühnerschenkel. Bis es soweit ist, verharrt das Resultat brav im Schubfach des Kühlschranks.

Grünkern-Kraftwerk

Rücksicht bevorzugt die Berücksichtigten in manchmal unschicklicher Weise – eine alte Lebenserfahrung, die auch dem Stümper ins Kochen gefahren ist. Ihm kommt es zupaß, wenn sich wenigstens die Kosten in Grenzen halten und das Ergebnis sich zu jeder Zeit aufwärmen läßt, die Freundschaft genauso wie jene juchzende Jause weit nach Mitternacht. Eintopf heißt darum die Parole. Bei uns ein Ewigkeitswert. Eine schlichte Kartoffelsuppe – so erlesen sie auch bereitet sein mag – legt allerdings längst keine Ehre mehr ein. Es muß schon etwas Exotisches sein – und doch auch deutsch.

Im Odenwald, wo die alten Leute sich heute noch in gebundener Sprache unterhalten, bereiten die wackeren Bauersfrauen seit Ahnentagen ein dickliches Mus aus Grünkern, unreif geerntetem und gedörrtem Urweizen. Ihm widmet sich der Stümper mit ganz besonderem Behagen. Er benötigt nur:

250 g Grünkern (gibt es auch außerhalb der muffigen Naturkostläden z.B. als Grieß von „Knorr")

1 Suppengrün

1 Bund krause Petersilie

2 Zwiebeln

2 Kartoffeln

1 Handvoll Rosenkohl

weißen Pfeffer

1 Prise Curry zum Schönfärben

Gemüsebrühe (z.B. von „Cenovis" aus dem Reformhaus, wo immer auch Grünkern bereitliegt)

1 Hieb Butter

etwas Öl

und natürlich mindestens: 4 reiche Würstchen

Schlagrahmbohrmaschine mit integriertem Hagelbesen

1. Suppengrün schälen, waschen und kaputtschneiden. Zwiebeln tränensicher hinter dem Rücken zerkleinern. Kartoffeln und Rosenkohl aus den Klamotten helfen.

2. Butter mit einem EL Öl in einem nicht zu kleinen Topf zergehen lassen und Punkt 1. darin anschmurzeln, die Zwiebeln zuerst. Kleinere Hitzezufuhr genügt völlig.

3. Wer keinen Mixer hat, bedient sich eines selbstgebogenen Stacheldrahtkorbs, der in die Bohrmaschine gespannt wird. Damit lassen sich die Grünkörner zerschreddern.

4. Das Feuer wird nunmehr hochgedreht, das Grünkernschrot hineingeworfen und mit dem Kochlöffel unter panischem Rühren am Anbrennen gehindert. Drei bis vier Minuten dauert dieses Anrösten ungefähr, dann wird mit Wasser gelöscht, was vom Geräusch her an den Empfang von „Radio Tirana" erinnert. Wenn's dann schön blubbert und quillt (und Getreide quillt erstaunlich, ufert aus – also mehr Wasser her!), den Herd auf marginale Flamme schalten und Anhängiges immer wieder vom Topfboden aufstöbern. Ungefähr 20 Minuten gelinde köcheln.

5. Mit Gemüsewürfel, Pfeffer und einer Messerspitze Curry abwürzen, nach Gusto mit ein bißchen Sahne geschmeidig machen. Zerzupftes Petersilienkraus hinzufügen (die zerkleinerten Stengel dürfen schon früher dazugegeben werden).

6. Spätestens bei den Würstchen schneiden sich die Geister. Die einen schnippeln sie in gefällige Röllchen, die andern lassen sie ganz, um sie am Auslaugen zu hindern. Warm werden müssen sie trotzwohl. Das geschieht am leichtesten in der Suppe. Der Stümper – und wer ist das nicht? – sorgt nur dafür, daß die Suppe nicht mehr hochkocht.

7. Die Frage, was sich zu diesem Eintopf am besten trinkt, ist leicht beantwortet: Alles, was da ist. Grünkern ist gutartig und verträgt sich mit jedem.

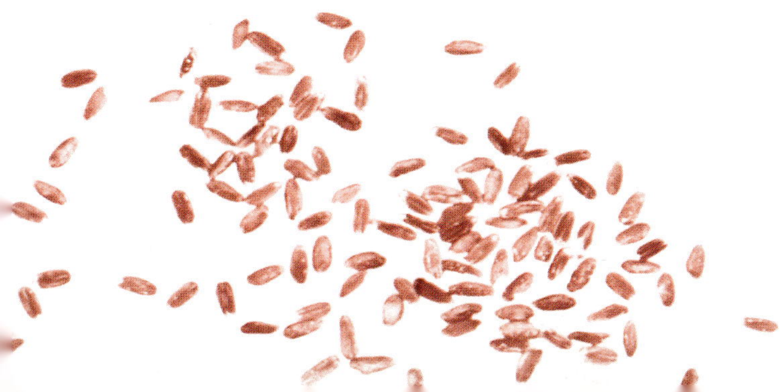

Spargel-Spitzen-Schoner

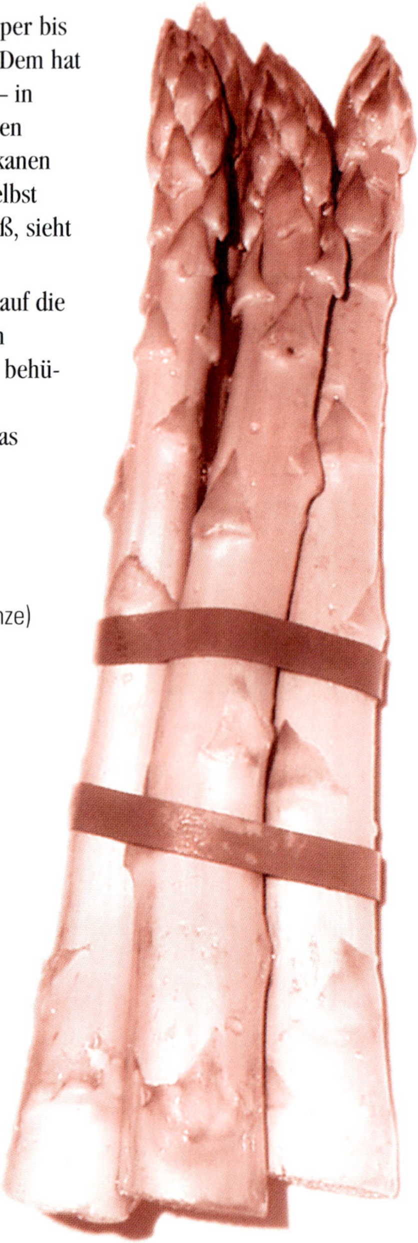

Spargel sind das einzige Gemüse, das sich der Stümper bis zu Johannis (24. Juni) täglich einverleiben könnte. Dem hat der Herrgott allerdings einen Riegel vorgeschoben – in Gestalt des lästigen Schälens. Darum gibts die Stangen bestenfalls alle paar Tage, dann aber mit allen Schikanen und nur für eine Person, die des Stümpers höchstselbst (bei grünem Spargel, der nicht enthülst werden muß, sieht das freilich anders aus).

Eine wohlbedachte Pfuscherschulung muß Antwort auf die Frage geben: Wie kann das heikle Haupt des an sich schon empfindlichen Gepflänzes vorm Vermatschen behütet werden? Die erst kürzlich gefundene Lösung hat tatsächlich etwas mit Hüten zu tun. Aber zunächst das Beschaffenswerte:

1 Pfund mittelfingerstarker Spargel (männliche Pflanze)

2 Kohlrabi

Traubenzucker

Zitrone

Semmelbrösel (noch besser eine verschmachtete und im Mixer gemahlene Laugenbrezel aus Mannheim)

viel Butter (niemals übrigens „mildgesäuerte", die nicht vom Sauerrahm abstammt, sondern erst nachträglich umgefälscht wird, um die süße Molke für allerlei Puddingelchen zu erhalten)

mindestens sechs faustdicke Kartoffeln

Gibt es SparGel auch als Spray?

1. Die geschälten Kohlrabi werden mit drehbankartiger Präzision in ca. 3 mal 3 cm dicke Würfel gespalten, in deren Mitte eine Höhlung in Spargelkopfdicke angebracht wird. Das erfordert ein schmales Messer von äußerstem Scharfsinn oder einen Apfelkerngehäuseentferner der Größe XL. Es geht hier nicht allein um den Schutz des Kohlsprießlings, sondern auch um die bedingungslose Verdichtung des Geschmacks.

2. Das Abbalgen der Stangen erfolgt mit dem billigsten, dafür schneidigsten Gemüse-Sparschäler (erkennbar am bunten Kunststoffgriff) oder aber Gilette Contur II. Dazu werden die Spargel nacheinander auf ein umgedrehtes Töpfchen gelegt, so daß sie beim Schälen nicht zerbrechen können. Sind die Hüllen gefallen und die ausgedörrten Strünke großzügig abgeext, werden die innen buttergelagerten Fingerhüte oben vorsichtig aufgebracht und alles wird von Kopf bis Fuß mit Zitronensaft benetzt. Dann legt der Stümper geschälte und längs gehälftelte Kartoffeln in ein Sieb vom Durchmesser des Topfs (spätestens jetzt kann über die Anschaffung eines Ensembles aus Topf und passendem Dämpfeinsatz nachgedacht werden), salzt ein wenig, um dann das löchrige Behältnis über wild wallendes Wasser zu hängen. Fünf Minuten Vorsprung kriegen die Erdäpfel, dann reiht der Stümper die Spargel über sie, salzt und zuckert (beste Ergebnisse mit Traubenzucker!). Aufsteigender Dampf wird vom Deckel am Entkommen gehindert. Man kann ihn gelegentlich abheben, um mit sensibler Klinge dem Fortgang der Verweichung nachzuspüren: Nach 10 bis 15 Minuten sollte es soweit sein.

3. Ein hochwandiges Pfännchen klabastert bestimmt in jeder Wohnung herum. Die Butter muß darin schmelzen und schäumen. Eine Hand moduliert die Flamme, die andere quirlt die eingestreuten Brösel mit einer Gabel, bis sie überfallartig karamelisieren. Runter damit und sofort übers Spargelguthaben, das bereits auf einer Platte arrangiert wurde.

4. Ein Weinchen dazu? Zu Spargel paßt, wenn man's recht bedenkt, nur Spargel: Kolossal, dafür darf bei der Musifizierung rauhbeinig vorgegangen werden. Die „Brandenburg Concertos" des Mailänder Ensembles „Il Giardino Armonico" sind so knarzend und krachend, pfeifend und gellend gespielt, daß man unversehens die Todesschreie der Spargel in den gehäufelten Furchen zu vernehmen glaubt (Das Alte Werk/Teldec 1997).

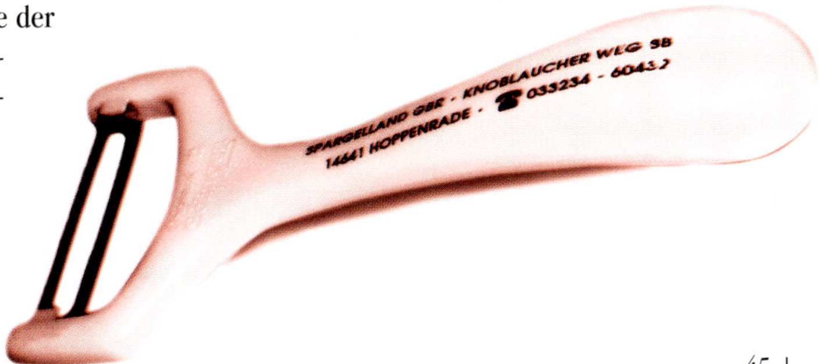

Get off of my Kraut

Das Werk der „Rolling Stones“ hat sich immer wieder auch mit kulinarischen Fragen befaßt und ist unter der Hand fast zu etwas wie einem Kompendium angelsächsischer Ernährungsweise (zum Beispiel mit „Cold Italian Pizza“ aus dem Song Monkey Man) geworden, deren Leumund sich im Augenblick deutlich bessert. Denn auch auf der Insel hat man mitbekommen, daß einfach zubereitete Speisen aus besten Zutaten Muttern am besten helfen.

1 kg Rinderhesse oder Brust, ein paar Suppenknochen

1 Bund Suppengrün

1 Weißkohlkopf (noch feiner Wirsing oder Spitzkohl: Hauptsache, er ist zeitlich nicht sehr von seiner Ernte entfernt. Kohl hat ja nun mal die unangenehme Eigenschaft mit zunehmendem Alter ordinär und stinkig zu werden.)

10 neue Kartoffeln

3 Lorbeerblätter

5 Pimentkörner

Kümmel (oder frischen Rosmarin für die Ästheten)

weißer Pfeffer

Salz

Parmesankäse

Vorsicht!
Raubdruck!

1. Zunächst kümmert sich der Stümper um die alles entscheidende Grundlage, eine vernünftige, urwüchsige Brühe. Fleisch und Knochen werden mit viel kaltem Wasser aufgesetzt und einmal kurz zum Kochen gebracht, woraufhin das Wasser samt dem scheußlichen Schmadder, der sich schnell auf der Oberfläche angesammelt hat, abgeschüttet und erneuert wird. Dann köchelt es auf kleinster Flamme für gute zwei Stunden der Vollendung entgegen. Nun ist es an der Zeit, das gereinigte und zerschnittene Suppengrün, Lorbeer und Piment hinzuzufügen, um das Gesamte noch eine weitere Stunde fröhlich weitersieden zu lassen. Zwischendurch schöpft der Stümper Schaum vom Wasser. Wenn die Eieruhr dreimal drillt, wird die Energiezufuhr abgetötet. Der Sud erkaltet. Später seiht der Stümper die Brühe durch ein Sieb und schneidet das Fleisch in Scheiben.

2. Nunmehr geht es dem Kraut an den Kragen. Nach großzügiger Entfernung der äußeren Blätter spaltet der Stümper den Kopf in Viertel und zerteilt sie in längliche, schmale Schnitze. Auch die geschälten Kartoffeln kommen unters Messer. In zwei bis drei Millimeter breiten Scheiben harren sie dem, was unvermeidlich kommt.

3. Zuerst schüttet der Stümper einen TL Kümmel, einen TL Pfeffer und drei TL Salz in seinen tiefen Messingmörser und zerreibt die Mischung mit dem schweren Stößel. Das Salzgranulat wirkt dabei fast wie eine Steinmühle: Diese Methode ist übrigens bei vielen anderen Rezepten sinnvoll.

4. Und dann kommt es, das Schichten und Richten im Topf. Zuunterst kommt eine Lage Kohl, darüber gescheibeltes Suppenfleisch, darauf Kartoffeln, dann das Gewürz - und so geht das weiter, bis die Vorräte erschöpft sind. Zu guter Letzt träufelt der Stümper gründlich Brühe dazu und gart alles über mäßigem Feuer für gute zwanzig Minuten.

Hart wie Steinpilz

sind die Grundsätze des Stümpers. Und genauso wie getrocknete Steinpilze lassen sie sich leicht aufweichen. Auch wenn der Stümper deswegen bei manchen als unsicherer Kantonist gehandelt wird, so ist ihm doch beim Abrücken von Prinzipien schon manch apartes Rezeptlein in den Topf gefallen, das in keiner Kochfibel steht.

Die frisch importierte Tüte Steinpilze aus der nordostitalienischen Pilzmetropole Bassano del Grappa lud sowieso zum Köcheln ein, und die Tube französische Maronencreme im Kühlschrank schrie förmlich nach Experiment. Als sich dann auch noch etwas Tomatenmark und eine, zugegeben schon ziemlich eingetrocknete, Vanilleschote anfanden, war das Ding schon fast gegessen.

50 g getrocknete Steinpilze
1 Tube Maronencreme
Tomatenmark
1 Zwiebel
1 Vanilleschote
Olivenöl
etwas Balsamessig
schwarzer Pfeffer
Parmesan

Für die Spätzle:
3 Eier
500 g Mehl
Salz
bißchen Butter

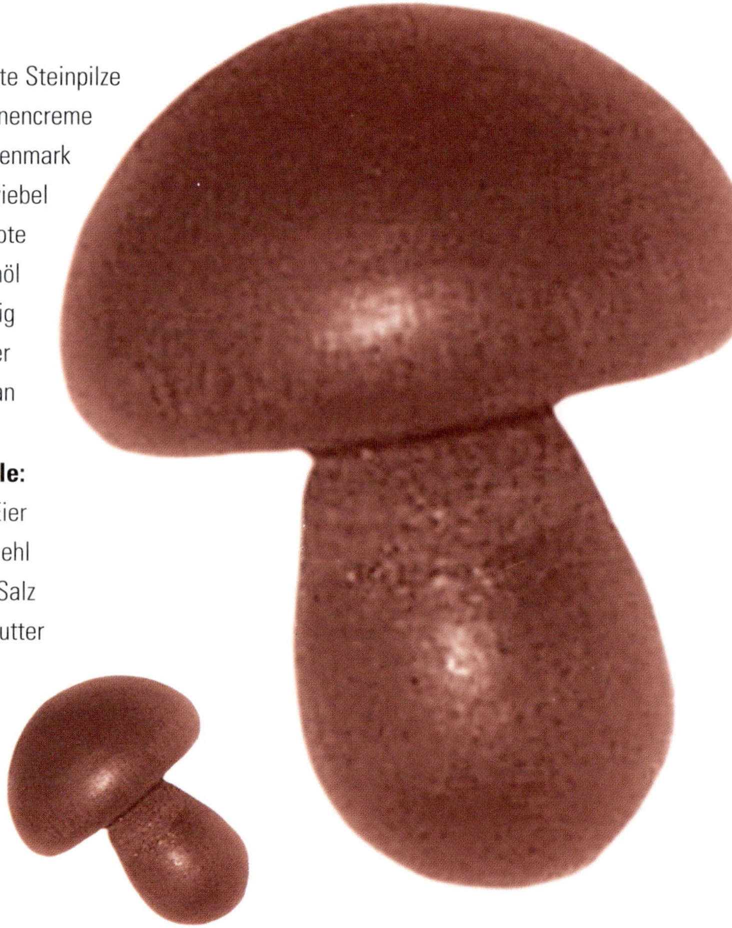

1. Die Pilze in lauwarmem Wasser für eine halbe Stunde einweichen und dann in der geschlossenen Hand auspressen.

2. Zwiebel kaputtschneiden und in drei EL Öl schön glasig schmurzeln. Wie immer geschieht das bei mäßiger Befeuerung. Sodann kommen die Pilze an die Reihe. Auch sie werden für fünf Minuten zwischen den Zwiebeln angebraten und mit einem großen Glas Wasser gelöscht. Eine Viertelstunde halb bedeckelt sieden lassen, mild und leise.

3. Jetzt spätestens kocht der Ehrgeiz hoch – heute also ist der geweissagte Tag, an dem echte Spätzle gemacht werden. 25 gehäufte EL Mehl in eine Schüssel sieben, die Eier dazudeppern und mit zwei bis drei Tassen Wasser sowie einem TL Salz verrühren, bis ein glatter, elastischer Teig entsteht. Mit Wasser oder Mehl – je nachdem – feinabstimmen und hübsch weiter mit dem Kochlöffel herumfuhrwerken. Nach ein paar Minuten künden ovale Blasen im zähen Brei vom Ende der Mühen.

4. Der Blick in den kochenden Topf (2 EL Salz nicht vergessen) wirft die Frage auf, wie Spätzle wirklich entstehen. In diesem Moment fällt das Stümperauge auf eine 400-g-Tomatendose! Schnell ist sie entdeckelt und ihr Inhalt für spätere Abenteuer dem Kühlschrank überstellt. Gut ausgespült und mit dem Kondensmilchlocher unten siebartig perforiert, praktiziert der Stümper eine Bierflasche in ihr Inneres: Unfaßbar, die Einweg-Holsten paßt wie der Klöppel in die Glocke, die Dose Schultheiß ebenso. Wenn das kein Zeichen ist! Der Rest macht nur noch Spaß: Die Dose dreiviertelhoch mit Teig füllen und mittels Glaskolben ins Wasser pressen. Wenn die Teigwürmchen an die Wasseroberfläche gestiegen sind, mit dem Schaumlöffel herausfischen und Presse nachladen. Spätzle am Schluß mit einem Schlag Butter vermengen und im Rohr warmhalten.

5. Im Handumdrehen wird die Soße fertiggemacht. Aus Maronen- und Tomatentube lösen sich je zwei kräftige Schüsse und werden sofort untergerührt. Dann drängt der Stümper die sämige Substanz mit zwei EL Balsamico endgültig ins Schokoladige. Rasch ist auch die Vanilleschote halbiert und über dem Topf ausgekratzt und noch etwas Salz und Pfeffer zugesetzt. Gerecht über die Spätzleteller verteilen und mit Parmesan narkotisieren.

6. Obwohl Steinpilz unter den vegetarischen Gerichten das sozusagen fleischigste ist, spielt italienischer Pancetta-Speck (ersatzweise dänischer „Tulip"-Frühstücksspeck) beim Pilz denn doch den Turbo. Nicht wenige Stümper lassen es sich deshalb nicht nehmen, zunächst Speck kroß zu rösten, um dann so zu verfahren wie eben oben beschrieben.

7. Zu so etwas Waldigem paßt nur Richard Wagner. Wie wär's mit Frau Isoldes Adieu von der Welt? Ariengebell, Schmierentheater und Drama von sublimster Erlesenheit stellen den Stümper auf eine harte Probe: „Soll ich schlürfen, untertauchen? Süß in Düften mich verhauchen?" (Tristan und Isolde. Leonard Bernstein, Philips Digital Classics)

Gnocchi on Heaven's Door

Es geschieht nichts Neues unter dem Himmel, meinten die alten Griechen. Außer man tut es, fügt der Stümper hinzu. Gnocchi waren seit der Einführung der Kartoffel ein von Nudelfreunden lange beargwöhnter Bestandteil der norditalienischen Küche. Heute möchte sie niemand mehr missen. In Süddeutschland sind sie als „Schupfnudeln", „nackerte Mariele" oder „Bubespitzle" in aller Mund – und schließlich im kargen Preußen unter dem Namen „Keilchen" beziehungsweise in den neuen Ländern als „Notschis".

Mit Hingabe gemacht, sind Kartoffelnocken pures Manna – allerdings eines, das nicht vom Himmel fällt. Die dazugehörigen Soßen sollten simpel sein, um den äußerst delikaten Geschmack der Kartoffel nicht ins Abseits zu drängen. Kaum etwas vermag ihr himmlisch erdiges Aroma derart zu steigern wie ein hochkonzentrierter Rinderfond.

8 faustgroße, mehlige, gut abgelagerte Kartoffeln wie z.B. die Sorte „Karlena" (sogenannte neue sind ungeeignet wegen ihres hohen Wassergehalts)

6 bis 8 gehäufte EL Mehl (noch besser Hartweizenmehl von „De Cecco")

2 Eigelbe

4 EL Sauerrahm-Butter

1 EL Olivenöl

schwarzer Pfeffer

Zucker

Salz

1 Dose Oxtail clear von „Erasco" bzw. klare Ochsenschwanz-Suppe oder Rinder-Consomme von „Lacroix"

etwas Tomatenmark aus der Tube und, wenn sowieso vorhanden, 1 Zweiglein frischer Salbei

Schuß Madeira (oder Sherry oder Portwein oder Vermouth)

Parmesan

Als Sportlernahrung ideal!

1. Die Kartoffeln müssen in Schale für knapp 20 Minuten in Salzwasser gekocht werden (noch besser dämpft der Stümper sie in einem Sieb, das in den Kochtopf eingehängt wird). Danach dürfen sie auskühlen. Später werden sie entblößt und mit der Gabel in einer Schüssel rüde zermatscht (Inhaber einer Spätzlepresse bedienen sich ihrer) – zusammen mit Mehl und Eigelb. Mit beiden Händen walkt der Stümper den Kartoffelteig gründlich durch, dabei wirkt ein Schuß Olivenöl Wunder. Zwei gestrichene TL Salz gehören auch dazu. Schlußendlich hält der Stümper einen kaum noch klebrigen, gelblichen Kloß zwischen den Handtellern.

2. Der Stümper holt sein größtes Küchenbrett hervor und versieht es mit einem Mehlfilm. Zunächst wird je eine volle Hand Kartoffelteig erst zu einer homogenen Kugel geformt und dann auf dem Holz zu einer mittelfingerdicken Wurst abgewälzt. Davon werden zweizentimetrige Rädchen geschnitten und mit einem sachten Druck vom Gabelrücken jeweils sozusagen häftlingshaft gekennzeichnet. In nur leis murkelndem Salzwasser garen die geriffelten Taler in mehrere Tranchen. Sind sie zur Wasseroberfläche aufgestiegen und purzeln dort fidel übereinander, werden sie mit einem Schaumlöffel oder einem kleinem Sieb herausgefischt und in tiefe Teller versenkt. Inzwischen ist die Soße fertig:

3. Der Stümper hat vorher schon das Oxtail in ein Töpfchen gleiten und dort mit einem Schuß aus der Tomatentube brühen lassen, bis höchstens noch ein Drittel des ursprünglichen Doseninhalts übrig ist. Die Flamme wird totgedreht und kalte Butterflocken mit einer Gabel geschwind darin verflüssigt. Nur noch ein bißchen Madeira, Pfeffer und rüber über die Nocken. Kaputtgeriebener Käse aus dem Eisschrank befördert die Soßen-Sämigkeit enorm. Es darf auch ruhig Parmesan sein.

4. Eingefleischte Vegetarier bedienen sich der „Tartex-Pilzsoße" aus dem Reformhaus. Als erstes röstet der Stümper schnell ein paar kleingeschnittene Salbeiblätter in Butter kroß, gießt einen dreiviertel Becher Sahne dazu und löst darin die Pilzpaste. Durchschmurgeln, das ist schon alles. Viel kleingehackte Petersilie läßt endgültig vergessen, daß hier Tiere einmal verschont wurden. Der süße Stümper mag Gnocchi auch nach Bambini-Art: mit Zucker, Zimt und viel brauner Butter.

Volksauflauf

Ein wuseliger Volksauflauf ist so richtig nach dem Geschmack des Stümpers – am angenehmsten natürlich ohne lästige Wasserwerfer und Schlagstockeinsatz. Vom Tränengas mag er darum nicht lassen; es wird vom Gezwiebel würdig vertreten („Du trägst Brille, Du schälst die Zwiebeln!"). Ein kulinarischer Konflikt nach italienischem Vorbild beginnt mit dem „Sofritto", das überhaupt elementar ist für südliches Gelingen, daß sich der Stümper die Vorgehensweise längst mit dicker Tinte hinter die Ohren geschrieben hat. Aber zuvor will eingekauft sein:

Kleiner Erfolgsauflauf

Das ist der Uli stark und groß
das ist der Thomas mit dem Taps auf dem
das ist das kleine Peterlein, es hat Schoß
im Händchen sein Schlafhäselein.

500 g Rinderhack und 500 g grobe Bratwurst vom besten Metzger der Stadt

3 Dosen Tomaten à 400 Gramm

1 Tube Tomatenmark, 4 Zwiebeln (noch besser 6 süße Schalotten)

2 Zehen Knoblauch

4 Möhren

8 Triebe Staudensellerie

1 ganzer Bund Petersilie: Daraus gerät besagtes „Sofritto" in Minutenschnelle.

1 bis 2 Glasen weißen Weins, den man sowieso gerne trinkt

2 Würfel Hühnerbrühe

5 bis 6 Blätter Lasagne

bestes Olivenöl

Butter, Mehl, Milch

Parmesan oder französischen Comté-Käse

1 Pfund Geduld

1. Nach dem Kleinschnippeln des Gemüses werden fünf EL Olivenöl in einem großen Topf zur Wallung gebracht und argwöhnisch beäugt. Darin schwitzen Zwiebel bis zur Transparenz und hinterdrein Knoblauch, der niemals dunkelbraun oder gar angekokelt werden darf. Eben mal Möhren-, Sellerie- und Petersilienklein einwerfen und mit dem heißen Öl lediglich fraternisieren lassen.

2. Flamme empor! Hack und das zuvor aus der Pelle gedrängte Wurstbrät kräftig schmurgeln lassen. Bereits nach knapp acht Minuten hektischen Umrührens hat die Chose eine allgemein blasse Farbe angenommen, die sogleich mit ein paar Schüssen aus der Tomatentube umgerötet wird. Nach weiteren zweivier Minuten Kochbodenkratzen darf der Stümper Feuerwehr spielen: mit Götterwein. Der betörende Dunst steigt solange hinauf zu den Nachbarn, bis das arglose Allerlei alles in sich aufgesogen hat. Allerdings mag das auch der Funke sein, der das Faß zum Überlaufen bringt: Also Obacht.

3. Gabelzerdrückte Dosentomaten und Hühnerbrühe dazu, aufkochen, dann schmalste Wärme, Deckel nur schlampig aufsetzen. Zwei Stunden Pause; der alltagsorientierte Volksfreund prüft immer mal wieder die schwindenden Flüssigreserven und gießt geflissentlich nach: Versauen is bad. Probieren ist besser! Der Stümper ist sowieso Dauerabschmecker!

4. Die Lasagne-Blätter werden in reichlich Salzwasser 20 Minuten exekutiert und hernach im Sieb erkältet (oder der Stümper benutzt kochfertige Lasagne - z.B. die billigen von „Buitoni", die trocken verwendet werden). Die Béchamel wird aus einem streichholzschachtelgroßen Stückchen Butter und zwei EL Mehl geschmiedet – kurz zusammen anschmurzeln und mit viel Milch zu einem sämigen Brei verrühren, wobei ein Schneebesen entklumpt. Danach besinnt sich der Stümper auf seine gebutterte Kaserolle aus Porzellan, legt die abgekochten Teigscheiben zuunterst hinein und schichtet nach dem häuslichen Etagenprinzip Soße-Béchamel-Nudel-Soße-Bechamèl usw. On top Parmesanraspel und Butterflokkatis. Vierzig Minuten im Ofen auf zweidrittel Fahrt geben Stümpers Volksauflauf den Rest. Solange derart rigide vorgegangen wird, bleiben Umstürze zumindest im Bekanntenkreis die Ausnahme.

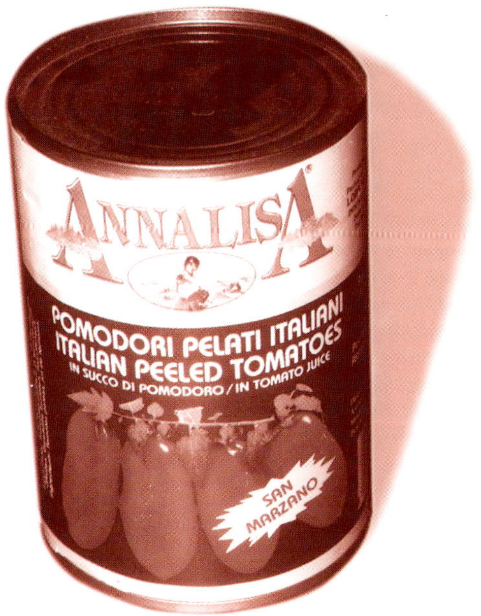

Die beste Marke, erhältlich bei H. L. Bremer, Braunschweig, Tel. 0531-23 73 60.

Mussaka-Massaker

Ein britischer Diplomat bei der Hohen Pforte, dem Herrschersitz des Osmanischen Reiches zu Istanbul, bemerkte einst: Griechen sind Türken, die sich für Italiener halten. Das Urteil mag übertrieben sein, aber zumindest erinnert der imposante Mannesstolz, der in Griechenlands Männerwelt allgegenwärtig ist, eher an Vorbilder, die ursprünglich aus der asiatischen Steppe stammen. Auch hinten am Herd geht es nicht direkt italienisch zu.

Besonnenheit, Güte und Einsicht gehen dem Nachfahren von Sokrates, Platon & Konsorten urplötzlich flöten, sobald er eine Küche betritt. Dort führt er einen nimmermüden Feldzug gegen all jene wunderbaren Zutaten, die ihm das Land so freigebig schenkt. Auch Auberginen kann es im Furor erwischen. Seinerseits mag der Stümper eine gewisse Sympathie für Kanonen, die auf Katzen gerichtet sind, nicht verhehlen, dann etwa, wenn ein kleines Massaker angerichtet wird. Im übrigen plädiert der Stümper blind für die Unbekümmertheit der Griechen und ihre heutige Tischkultur, die sie so taktvoll vor uns zu verbergen wissen.

Für Hardliner: Wenn es noch massakerhafter zugehen soll, empfiehlt sich die rumänische Variante, bei der die Auberginen durch geviertelte und gedämpfte Fenchelknollen ersetzt werden und der Zimt von zwei im Mörser zerdepperten Anissternen.

2 mittelgroße Auberginen
je 200 g Gehacktes vom Kalb und vom Lamm
4 Kartoffeln
1 Möhre
2 Triebe Bleichsellerie
2 Zwiebeln
Tomatenmark
80 - 100 g Mehl
100 g Butter
Olivenöl
1 l Milch
50 g Gruyere-Käse oder uralter Gouda
1 Eigelb
weißer Pfeffer, Salz, viel Zimt

* Schön zimtig muß es sein!
Vorgeschmack: Das Zimtkaugummi

1. Die gewaschenen Auberginen werden vom Strunk befreit und längs in einzentimetrige Scheiben geschnitten, die gleich von beiden Seiten tüchtig eingesalzen werden – am besten geschieht das auf einem blechernen Serviertablett. Nach einer Viertelstunde hat sich die Bitterkeit ausgeblutet, die Scheiben werden abgetrocknet und ohne viel Federlesens in nicht zu heißem Olivenöl auf beiden Seiten braungebraten. In einem tiefen Teller warten lassen. Kartoffeln nebenher weichkochen.

2. Dann verdünstelt der Stümper die Zwiebeln bis zur Transparenz, fügt die Möhren- und Sellerieteilchen dazu, um kurz darauf das Feuer auf Hölle zu drehen. Jetzt wird das Hackfleisch gut angebraten. Nach etwa fünf Minuten spritzt der Stümper tüchtig Tomatenmark (über den Daumen eine halbe Tube doppio concentrato) ins Fleisch und läßt es lustig mit anhängen. Mit einem kleinen Glas Weißwein ablöschen und 10 Minuten durchlöten. Pfeffern, salzen und vor allem eins: Entschlossen zimten! Bei Zimt darf der Stümper nicht zimperlich sein.

3. Béchamel ist ein hochtrabender Name für Mehlpampe. Schnell sind fünf EL Butter im Topf zerlassen und 100 g Mehl dazugestäubt. Kurz golden werden lassen, vom Feuer ziehen und mit etwa 1 l Milch glattrühren. Dann wieder durchköcheln bis die Pampe so aussieht wie sie heißt. Zum Schluß Eigelb per Schneebesen unterprügeln, unter keinen Umständen mehr aufkochen!

4. Nunmehr verwandelt der Stümper sich in einen Architekten und setzt die Kastenbackform als Rohbau ein. Darin verübt er aus Schichten Kartoffeln, geriebenem Käse, Auberginen und Hacksoße sein Massaker, das von Béchamel und Butterflocken bekrönt wird. Ab in den Ofen für 30 bis maximal 40 Minuten bei Gasstufe 5 (235°Grad).

Zuckerbrot an Peitsche

Bevor die sensationelle Schokoladenpaste „Nutella“ auf die Stulle kam, mußten sich die Stümper mit weit weniger erfreulichen Zuckerbroten bescheiden. Ein Zubrot bekommt allerdings nur jener Stümper, der süß und salzig mit Geschick zu kombinieren versteht.

Süße Megakarotten aus einem Frischgemüse führenden Asia-Laden (Kaliber im Schnitt 30x5 cm) oder von einem erschreckend dummen Bauern (die haben bekanntlich die größten) aus unserem Land

1 halbe Tasse Olivenöl

6-8 eingerunzelte Datteln

getrocknete Limosen, äußerst empfindliche Zitrusfrüchte: Sie werden schnell sauer.

Für die Peitsche, die das Geschehen in Schwung bringt:

1 kleingehackte Schalotte

2 EL mit dem Hackebeil kaputtruinierte Petersilie

schwarzer Pfeffer

1 halbe Tasse gekochtes Bulgur (Weizengrütze, grober Couscous sozusagen)

1 halbe Tasse gekochte rote Linsen

1 halber TL „Sumac“ (pulverisierte Sumac-Beeren, die einen säuerlichen Geschmack mitteilen, oder getrocknete Limonen verwenden, siehe Abbildung)

1. Der Stümper schält zunächst die Karotten und zerbeilt sie hinterher in gleich große Scheite von 3 cm Länge. Die werden anschließend mit dem Schweizermesser zu Röhren mit 5 mm Wandstärke ausgehöhlt. Befördert wird dieser Entstrunken (nichts anderem dient die Übung), wenn der Stümper die Stücke zuvor fünf Minuten abkocht. In nicht allzu heißem Öl schmoren die Kerle in einer hochwandigen Stielpfanne, bis sie rundum urlaublich gebräunt sind. Beiseitegestellt, sollen sie der kommenden Dinge harren.

2. Derweil sind die Datteln längst entkernt und kleingeschnitten. Sie dürfen mit etwas Salz in fünf bis sechs Tassen Hazwo-Ohs einköcheln. Am Schluß soll ein nicht allzu zähflüssiger Klitsch aus dem breiten Topf grinsen, was über den Ablauf einer halben Stunde hinaus immer wahrscheinlicher wird. Auch Bulgur und Linsen brühen zusammen maximal 12 Minuten, um darauf im Sieb über dem Ausguß ein Weilchen aushängen zu dürfen.

3. Bulgur & Linsen mit Zwiebeln, Petersilie, Sumac, einem halben TL Salz und ähnlich viel zerdeppertem Pfeffer vermengen, um die Mixtur gleich darauf mit drängendem Eifer in die ausgekühlten Karottenhülsen zu stopfen. Kaum ist das Werk getan, geraten sie in die immer noch lind dahinblubbernde Dattel-Soße, woselbst sie für knappe 15 Minuten blöde herumsimmern. Jeder Stümper fürchtet die Anbrenn-Problematik und geizt nicht mit dem einen oder anderen Schuß Leitungswasser. Anschließend schubst der Stümper die Gelbe-Rüben-Granaten auf eine Servierplatte und marmeladisiert sie flugs mit dem im Topf zurückgebliebenen Dattelmus.

4. Dieses Torpedo des Genusses verlangt gebieterisch nach wesensgleicher Musifizierung. Eine Tonbetorung aus übervollen Singehälsen wie das „Requiem“ des Portugiesen Frei Manuel Cardoso (1566-1650) legt für den Gastgeber Ehre ein (The Tallis Scholars/Gimell).

Curry & Carry

Dann und wann sieht sich der Stümper diskret bei seinen professionellen Kollegen um. Zunächst geschieht das, um der heimischen Küche Zeit zu Besinnung und Einkehr zu verschaffen, aber ebensosehr auch, weil neue Praktiken aufgespürt werden müssen. Nichts lähmt ja das Stümpertum mehr als die Stickluft des Stillstands.

Im äußerst lobenswerten Malaysia-Restaurant „Nonya" in Berlin ist es dem Stümper gelungen, dem verschwiegenen Chefkoch Jin-Yew Chee das „Sayur Campuran Masak Lemak" gegen ein paar Schmeichelworte abzuhandeln. Curry und carry it home! hieß danach nur die Devise:

Asiatische Zwergauberginen

2 Zucchini

2 auberginenfarbene Auberginen (oder 6 kleine gelbe sowie 6 kleine grüne)

2 Karrotten

1 rote, 1 grüne & 1 gelbe Paprika

1 Chinakohl

1 230-g-Dose Bambussprossen

2 Knoblauchzehen

1 große Zwiebel

3 EL Soja- oder Erdnußöl

1-2 EL Zucker

1 TL Kurcuma/Gelbwurzel (billiges Safran-Surrogat, Grundstoff der Curry-Mischung)

3 165-ml-Döschen Kokosmilch/Coconut Extract

1 TL Salz

etwas weißen Pfeffer

Nebenbei:

TL = Teelöffel

EL = Eßlöffel

KL = Karl Lagerfeld

Kokosnuß-Extrakt

1. Wie so oft beginnt der Stümper sein Werk mit einer Zerkleinerungsorgie: Die Vegetabilitäten (neun an der Zahl inklusive Zwiebel) müssen nach dem Reinigen in annähernd gleichgroße Teilchen zerlegt werden, wobei eine fast unterarmstarke, der Länge nach halbierte und streichholzbriefchenschmal zerkleinerte Aubergine den Maßstab abgibt. Ist das geschehen, wird alles in eine Schüssel gepackt und griffbereit neben den Herd plaziert.

2. Sodann halbiert der Stümper die Knoblauchzehen, enfernt den Blähungen verursachenden Keim und hackt fein klein. Die Kokosmilchdöschen werden entdeckelt und alle Gewürze und Spezereien rings um den Herd versammelt, so daß nachher keine fieberhafte Sucherei die Prozedur ins Wanken bringen kann.

3. Bevor der Wok erglüht, wird Reis bereitet: 2 Chinaschälchen voll Basmati mit dreieinhalb Schälchen Wasser und einem gestrichenen TL Salz aufkochen (ein paar Limonenblätter, übrig vom letzten Mahl, dürfen auch mit rein). Wenn nur noch ein dünner Film Wassers über dem Reis steht, Deckel auflegen, Gas abschalten.

Jetzt geht es Schlag auf Schlag! Den Wok (notfalls tuts auch eine hochwandige Pfanne) wild erhitzen, dann erst zwo EL Öl hineingießen. Knoblauch und Gemüse dazu und für eine volle Minute unablässig mit einem Löffel herumwerfen. Nur ganz unten an Wokes Grund brät es. Kokosmilch unterrühren, kurz aufkochen und Feuer mildstellen. Zucker, Salz, Pfeffer. Nach zwölf Minuten ist der Vorfall Tee von gestern.

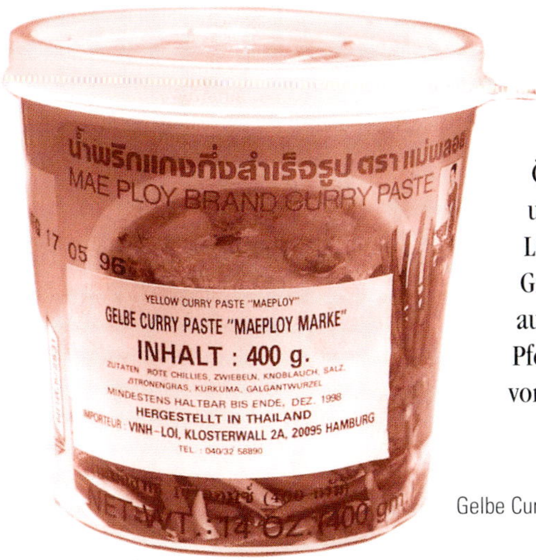

Gelbe Currypaste

Habsburger

Der großartige Wiener Kulturschriftsteller Egon Friedell entließ einst ein deutsches Paar, das sich mit äußerster Beflissenheit österreichische Rezepte aufnotiert hatte, mit den Worten: „Dazu fehlen Ihnen 400 Jahre Habsburg." Wohl gesagt; in der Tat erfordert das Gelingen selbst einfachster Habsburgerischer Speisen ein gleichsam angeborenes Geschick, an das man sich nur demutsvoll heranstümpern kann.

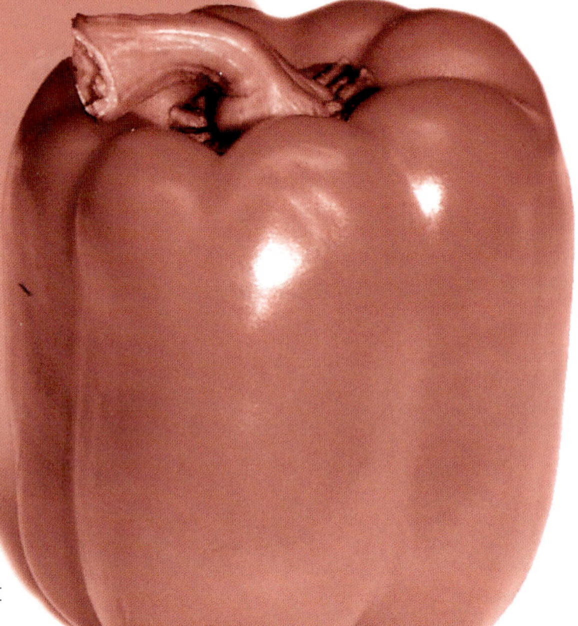

250 g frisches Lachsfilet (notfalls TK-Lachssteak von Aldi)
1 Ei
2-3 Schalotten
1 Gemüsezwiebel
1 Bund Petersilie
4 rosa Champignons
Sonnenblumen- oder Maiskeimöl
Butter
weißer Pfeffer
Salz
eventuell Mozzarella
Senf
8 kleinformatige Milchbrötchen oder Toast

Fürs Ketchup-royal:
4 rote Paprika
4 frische Chilischoten vom Türken
8 bis 10 Knoblauchzehen
Zucker
Essig
ein paar Salatblätter

Haushaltspaprika + Haushaltschili

Die Diagonalität des gemeinen Haushaltstoasts geht mit einer erstaunlichen Geschmackssteigerung - auch schon des nackten Brotes - einher.

1. Mit seinem säbeligsten Messer zerhackt der Stümper den rohen Fisch auf dem Küchenbrett wie von Sinnen. Je atomiger dies gelingt, umso besser verbindet sich das rote Fleisch nachher mit dem übrigen. Zwei kleine Schalotten (notfalls eine rote Zwiebel) müssen auch unters gnadenlose Skalpell – sowie eine Handvoll unter fließendem Strahl gebrauste, in entschlossener Faust gepreßte Petersilie. Darauf wendet sich der Stümper einer Schüssel zu, in der er alles mit einem Eiweiß, Salz und Pfeffer emsig vermengt. Für eine Viertelstunde in Frieden lassen.

2. Dann ist die Pfanne gefordert: Auf mittlerer Flamme eine Tasse Öl zum Schmoken bringen, eßlöffelweise Lachstartar hineinrutschen lassen und flach ins schmurgelnde Fett drücken, Feuer unablässig herumregulieren. Sobald der Lachs seine Farbe in blasses Rosa wechselt, umstülpen und „huttlig“ zuende braten, wie der Schwabe sagt. Die hell gebräunten Talerchen herausnehmen und in knisterndes Alu schlagen.

3. Die in feuchter Serviette lässig gereinigten Champignons kommen scheibchenweise ins heiße Restöl und werden dort auf denkbar kolossalste Art verbraten. Der Stümper rüttelt die Pfanne aus Leibeskräften, salzt mit großer Geste und wendet das geschundene Gepilz im schäumenden Öl. In kaum drei Minuten ist es geschehen.

4. Dazu gesellt sich selbstredend ein balkanesisches Hot-Ketchup, das ohne die ewigen Tomaten auskommt: 4 rote Schoten Paprika (Kerne und Lamellen wurden zuvor weggemessert), 4 Chilischoten und 8 Knoblauchzehen per Stößel oder elektrischem Mixstab zu Mantsch exekutieren und zusammen mit 10 EL Weißwein-Essig sowie 10 EL Zucker feurig in einem kleinen Töpfchen konfitürisieren.

5. Der Stümper schneidet die Brötchen horizontal durch und bestreicht sie mit dem eben bereiteten Ketchup, fügt Salatblätter sowie Schnittlauch ein und plaziert schlußendlich die noch warmen Lachsbouletten in die Mitte. Fest andrücken – und ab damit zwischen die Beißer.

Wels nach Fuggerart

Sie waren sich auch früher schon nicht grün, die Fugger und die Welser. Deshalb ersann der alte Fuchs Fugger dieses Rezept – und das nicht etwa für ein Festmahl, sondern als karge Fastenspeise. Alljährlich beschämte er in heuchlerisch gespielter Demut seine Augsburger Konkurrenten, die späterhin dem Bankerott preisgegebenen Welser.

Der Wels oder auch Waller ist wie seine menschlichen Verwandten ein räuberischer Geselle, dessen helles, muskulöses Fleisch angenehm süß schmeckt. In der Pfanne zittert er wie Jonas vor der Wahl des Paris, um einmal einen Vergleich aus der Kantike zu gebrauchen. Die Stümperküche zieht ihn neuerdings dem Zander vor.

500 g Welsfilet

1 Glas Hummerfond von „Lacroix" (oder 50 g Hummer-Suppen-Paste)

1 Sellerieknolle

4 faustgroße, mehlige Kartoffeln

2 Schalotten

etwas Maismehl

1 Becher Sahne

1 EL Crème fraîche

Butter

1 Glas Weißwein

Pernod

Muskat

weißer Pfeffer

1. Zum Auftakt der Fuggerorgie schält der Stümper Knolle und Kartoffeln, kantet sie in gleichgroße Kuben und setzt sie in kaltem Wasser auf den heißen Herd. Nach zwanzig Minuten Wasser abgießen und den festen Rest zusammen mit der süßen Sahne, Muskat und Salz zu einem soliden Pampf stampfen. Im Rohr warmstellen.

2. Die kulinarischen Vorkehrungen gehen mit dem Beiguß weiter: Kleingeschnittene Schalotten, Weißwein und Fischfond (oder 2 TL Langbein) werden in einem Töpflein für eine Viertelstunde (und länger) bis zu Leim niedergekocht. Kurz vor dem Servieren Topf vom Feuer ziehen und eisigstarre Butterflocken (etwa 125 g) mit dem Stahlbesen unterkehren. Aufkochen. Sofort jagt der Stümper die sämige Soße durch ein enges Sieb, schießt ein paar Fingerhüte voll Pernod zu und läßt eine Brise Pfeffer hineinwehen.

3. Dann das Finish: Der Stümper teilt die abgespülten und trockenfrottierten Welsfilets in zigarettenschachtelbreite Einheiten, salzt und paniert sie nur eben fahrig in feinem Maismehl (oder halt normalem) und brät sie in überschäumender Butter (man darf ruhig auch einen EL Olivenöl mitbenutzen) drei Minuten auf der Hautseite und dann eine auf der anderen. Neben einem Klacks Selleriebrei auf vorgewärmte Teller setzen, festlich mit der Jahrhundert-Soße begießen und wegfuggern.

4. Vollends rund wird die Welserei mit deutscher Fruchtbrause, die durchaus einmal halbtrocken sein darf, sowie Kaviar vom Klavier, dem Sviatoslav Richter förmlich Flügel verleiht: Joseph Haydn-Sonaten Nr. 40, 41, 44, 48, 52 aus dem Teatro del Bibiena in Mantua (Decca Digital 1987). Hardwelser verwummern die Hörluft lieber mit „True People: The Detroit Techno Album" (React CD 71).

Am besten schmeckt die Paranuß, wenn man sie nicht knacken muß!

Para = Neben
Du sollst keine andere Nuß haben neben mir!
Auch kein Nüßchen.

Der nußgewordene Versuch der Quadratur des Kreises.

Frühe Fehlleistungen der Gentechnik:
Die trotzdem nicht stapelbare eckige Nuss.

Die Paranuß, die lacht uns an. Wohl, weil sie keiner knacken kann.

Die Paranuß kommt von den staubigen Hängen des Atlasgebirges zu uns. Sie ist die einzige Nuß, die dort nicht wegrollt.

Suppenkasper, Hannah und Thomas Platt beim Kochen

Draculamm

Auch Vampire fangen klein an. Wie Jackie Niebisch, Erfinder der „Kleenen Punker aus Berlin", in seiner „Schule der kleinen Vampire" zeigt, erlernen junge Transsilvanesen das Aussaugen ihrer Opfer nur widerwillig. Bis sie sich an leibhaftige Leute herantrauen, dauert es seine Weile. Ein kecker Knabe in der Blutgruppe 11 A hieß dereinst Blutiger Ernst. Während Artschibald Oxford, Klassenlehrer des „Dracula-Gedächtnis-Gymnasiums", ausgiebig in alten Gruftjahren schwelgte, vor klemmenden Sargdeckeln, versunkenen Grabsteinen und Restalkohol im menschlichen Kreislauf warnte, experimentierte Ernst unter seiner Blutbank heimlich mit Lämmern und kam dabei zu einem äußerst überraschenden Resultat. Pietätshalber verzichtet der Stümper auf Knoblauch und Kreuzkümmel:

500 g Lammrücken (bzw. ausgelöste Kotelettstränge, befreit von Fett und dem sog. Silberhäutchen)

1 weißer Rettich

Balsamico (z.B. der grandios-gute Apfel-Balsamessig von „Gölles")

1 Päckchen Zitronat, 3 Limonen

1 Bund frische Minze

blutrosa Pfeffer, kaum Salz

kalt gepreßtes Olivenöl

Fürs Graupen-Risotto:

3 Tassen Perlgraupen (das sind blankgeschliffene Gerstenkörner)

2 Schalöttchen

1 Glas Hummerfond

3 EL frisch geriebener Parmesan

1. Zunächst bemüht sich der Stümper ums Rohe. Die von Fett und Häutchen befreiten Fleischstränge in schmale Scheiben schneiden, mit dem gut gespülten und olivengeölten Hammer des Hauses nur ganz leicht verbreitern und in einer Plastikfolie aufeinander schicheln. Danach würgt der Stümper die Folie von beiden Enden her fest zu einer Wurst zusammen und fixiert sie mit Wäscheklammern (die sowieso in keiner Stümperküche fehlen dürfen. Sie verschließen beispielsweise angebrochene Kaffee- und Teetüten). Knapp zwei Stunden im Kühlfach anfrieren lassen.

Transsilvanischer Gespensterreigen nach dem Genuß von „Dra-Cola"

2. In der Zwischenzeit besteht genügend Gelegenheit, das Dressing zu fabrizieren. Limonensaft mit dicken Batzen feinsten Balsamicos verschwistern, mehrere zerfitzelte Minzeblätter, ein paar Zitronat-Würfelchen, zerstoßenen rosa Pfeffer sowie einen Fingerhut Salz dazugeben. Vor dem Servieren müssen noch fünf EL Olivenöl untergemixt werden. Aus den Rettichen werden acht scharfe Zähnchen geschnitzt und zur Dekoration bereitgehalten.

3. Das starre, salamiartig verdichtete Fleisch wird vom Stümper aus seiner Plastepelle komplimentiert und nochmals in Plättchen zerlegt. Diese kommen – geschützt durch zwei ölierte Folien – unter den Hammer, der sie hauchdünn klopft. Niemals brutal vorgehen. Die Kunstfertigkeit besteht darin, das Lämmchen auszubreiten, ohne dabei seine empfindlichen Muskelfasern auszubluten. Der Stümper schichtet das Ergebnis auf vier Teller, begießt sie großzügig mit seiner Limonen Tunke aus Arbeitsschritt 2 und verziert sie mit Minzblättern sowie den Rettichbeißern. Ein derart aromatisiertes Lamm schmeckt nicht so athletisch wie rohes Rind, ist aber von mürberer Konsistenz. Letztlich überwältigt sein einzigartiges Mundgefühl, das von einem Graupenrisotto komplettiert wird.

4. Der Stümper läßt zerschnippelte Schalotten in Öl kurz anziehen, schüttet die Graupen dazu und sieht ihrem Anbacken für Momente unverwandt zu. Dann füllt er den Topf mit Hummerfond, löst die Graupen vom Grund und läßt sie auf kleiner Flamme für zirka 25 Minuten garquellen. Zuletzt mit nur wenig Parmesan binden wie ein echtes Risotto. In Espressotassen füllen und neben das Karpaten-Carpaccio hügeln. Eben noch mit „Supa Dupa Fly" von Missy Misdemeanor Elliott musifizieren (Elektra 1997) und dazu eine Literflasche der Rumänenbbrause „DRA-COLA" ins fahle Licht von frisch entzündeten Lammpignons rücken.

Wascherenko Stachanowitzki

Gelblicher Nebel senkt sich über die Rübenfelder an der unteren Wolga, entsetzlicher Gestank engt die Nüstern siecher Gestalten dort ebenso wie die unglücklicher Kühe: Hier kann es nicht mehr weit zum Wascherenko sein. Tatsächlich liegt das Zentrum der sowjetischen Käseindustrie nur wenige Werst weiter. Das berüchtigte „Wascherenko-Kombinat" hat der geplagten Region den Rest gegeben.

Einst sollte der gewaltige landwirtschaftliche Verarbeitungsbetrieb die gesamte französische Jahreskäsekapazität mit einem Schlag deklassieren. Vom seinerzeitigen Ausstoß von über einer Quintillarde Tonnen Milchprodukte sind nunmehr nur noch die unabsehbaren ökologischen Folgen geblieben – eine Hypothek, über die man hier besser nicht spricht. Dabei ist es den stolzen „Waschereniki" vom Kombinat nie gelungen, Qualität und Noblesse des echten „Vacherin du Haut Jura" zu kopieren; das Ergebnis ähnelte eher billigem Kochkäse und war zudem rasch verderblich.

Echter Vacherin dagegen wird in Frankreich als runder, cremiger Laib hergestellt, der während seiner Reifezeit eine camembertartige Rinde von rötlich-brauner Färbung gewinnt. Das unvergleichlich herzhafte Aroma dieses halbfesten Schnittkäses erinnert Tischlergesellen an erwärmtes Furnier.

750 g Vacherin du Haut Jura (ca. 30 Mark)
16-20 mittelgroße, möglichst neue Kartoffeln
ein halber Daumen frische Ingwerwurzel
6 faustgroße Rote Bete
2 Äste Stangen- oder Bleichsellerie
Öl
Essig
Salz
weißer Pfeffer

Vorher

In Italien als „Vacherenzino" beliebt, in Spanien als „Vacarengo" festtägliche Speise, zählt er im Süden zu jenen Spezialitäten, die in geselliger Runde beim Wein genossen werden. Der Stümper weiß darum, bereitet ihn allerdings für vier Nasen unbeirrt in der klassisch bolschewistischen Manier als „Wascherenko Stachanowitzki" zu:

Nachher

1. Schon am Vorabend werden die Roten Bete ungefähr 1 1/2 Stunden gekocht wie alte Lumpen und geschält. Handwarm halbiert und in zigarettendicke Scheiben geschnitten, macht der Stümper sie mit Salz, Essig und Öl in Porzellan an und hebt zerdepperten Sellerie ein. Pfeffer schadet nicht. Dann läßt er die lila Leute gut bedeckelt stehen, wo sie sind.

2. Am nächsten Tag müssen die Kartoffeln geschält werden, daheim bei Stümpers oft mit kubischem Erfolg. Derweil lagert das Spanklstchen mit dem Vacherin längst auf der Heizung Stufe sechs (ein winterliches Vergnügen somit). Mit einem spitzen Küchenmesser wird in die Mitte jeder Kartoffel ein spaltenger Schacht getrieben, in den anschließend eine dünne Scheibe geschälten Ingwers praktiziert wird. Jetzt brauchen die Erdfrüchte etwa 15 bis 20 Minuten im kochenden Salzgewässer.

3. Vor dem Servieren müßte der Käse unter der Rinde längst ziemlich angekomsoschmolzen sein, wie man in Rußland sagt. Der Stümper hebt zur Vergewisserung vorsichtig die obere Schicht ab – sollte es nicht in Richtung Fondue abgehen, muß der „Waschereng", wie der Berliner sagt, für 10 Strafminuten ab ins Rohr bei Stufe 1. Alle Stümperfreunde bekommen am Tisch ein Teelöffelchen und kratzen sich ihren dickflüssigen Rahm aus der Rinde, um ihn sogleich über die dampfenden Kartoffeln zu träufeln. Wenn man jetzt noch wüßte, wo die Roten Bete abgeblieben sind. Gestern waren sie noch da.

Monopollo

Kulinarischer Minimalismus bedeutet nicht Kochen auf Sparflamme. Wenn der Stümper in sich geht und seinen Geist auf das Wesentliche lenkt, dann vermag er die Kunst des Fortlassens erst zu entdecken. Unter ihrer Ägide vermählen sich Ökonomie und Grazie zu seltsamer Einheit.

Das Huhn – auf gut Toskanisch: „Pollo“ – schätzt der Stümper allein schon wegen seiner homogenen Fleischbeschaffenheit. Es wird lediglich mit einem einzigen mediterranen Duft akzentuiert. Puristen lassen sogar Salz weg.

Selbst die Butter zum Braten wird einer intensiven Reinigung unterzogen, die einer uralten ayurvedischen Maßregel folgt. Der Stümper startet mit der Herstellung von „Ghee“ – leicht verdaulichem Butterschmalz, das in Indien seit jeher als Lebenselixier und Verjüngungsmittel gilt. Er bereitet sich ein ganzes Pfund, denn auch Fisch, Meeresfrüchte, Gemüse und Reis gewinnen durch diese monochrome Zutat unvergleichlichen Geschmack. Reines Butterfett läßt sich übrigens über Monate in der Küchenkammer bewahren. Vom bräsigen „Butaris“-Schmalz lassen Stümper fortan die Finger!

1 Perlhuhn (oder die fettere und schwerere Maispoularde, die im Ofen eine Viertelstunde länger braucht)

1 dickes Büschel frische Rosmarinzweige

1 Kilo Süßrahmbutter (möglichst ungefärbt)

grobes Meersalz

4 Tassen indischer Basmati-Duftreis

1. Der Stümper zerschneidet die kurz im Eisfach angefrostete Butter in radiergummigroße Kuben, gibt sie in ein Sieb und spült sie in kaltem Wasserstrahl ab. Ein Gutteil der Molke verschwindet im Abguß. Darauf bringt er die Butter in einem Topf bei gemächlicher Hitze zum Sieden. Bald schon sammelt sich Schaum auf der Oberfläche: Der wird abgeschöpft (diese Maßnahme setzt sich über die gesamte Dauer des Manövers fort) und die Flamme fast zum Erliegen gebracht. Inder, wie die Zeit vergeht! Anschwellendes Bruddeln des aufsteigenden Wassers meldet dem Stümper, daß alles nach gut und gern 40 Minuten seinem Ende entgegenmurmelt: Erst wenn die Butter endgültig schweigt, muß prompt gehandelt werden, weil sie unter keinen Umständen braun werden darf. Mit einem Ruck zerrt der Stümper den Topf vom Herd und gießt das nunmehr betörend nussig riechende Balm durchs Sieb in ein Schraubglas.

2. Das Huhn wurde am Vorabend ausgiebig gewaschen, trockengetupft, innen und außen gesalzen (oder auch nicht) und in den brummenden Bosch verfrachtet. Daraus holt es der Stümper hervor, füllt einen Strauch Rosmarin in den Bauch, hebt die Haut mit dem Messer und schiebt Rosmarinspitzen darunter. Anschließend schmurgelt er das federlose Vieh rundum in ausgelassen sprudelndem Ghee. Nach fünf Minuten rutscht das Tier gut gheebegossen in die Mitte des Rohrs, worin es 30 bis höchstens 40 Minuten bei Gasstufe 2 (190° Elektro) bleiben muß. Eine Schale Wasser steht daneben.

3. In der Zwischenzeit Basmati in einem tüchtigen Schlag Ghee kurz glasig dünsten, mit 6 bis 7 Tassen Wasser begießen (ein Schuß Reiswein schadet nicht), kaum Salz. Einmal kräftig durchrühren, aufkochen und für 10 Minuten simmern lassen. Feuer abdrehen und einen dicht schließenden Deckel aufsetzen (am besten gelingt es in Jenaer Glas). Mit dem Ausquellen wäre die Spitze des Reisbergs gewissermaßen erklommen.

4. Eine große, gewärmte Platte mit Reis bebetten, das Huhn hineinsetzen und unter Alu für ein paar Minuten abregen lassen. Alsdann kann die fröhliche Stümperrunde das Fleisch mit den Fingern von den Knochen fieseln.

5. Ohren und Gaumen liegen eben eng beisammen. Das entspannende „Chick-out" wird nur minimal klavieriert. In ihrer monotonen, aber intensiven Beiläufigkeit klingt „The Harp Of New Albion" des amerikanischen Komponisten Terry Riley wie aus einem imaginären Nebenzimmer (Celestial Harmonies 1986).

Telefondue

Manfred Krügli

Fondue heißt das Grünkohlessen des Eidgenossen. Anstelle von Kohl, Korn und Wurst werden zwar landestypische Zutaten verwendet, aber genauso wie im deutschen Norden bildet so ein zählebiges Ritual letztlich nur den Vorwand, einmal ordentlich Fusel in die Figur zu füllen. Im Fondue-Fall natürlich reines Kirschwasser, später Anlaß zu Jammern und Wehklagen.

Das streng gehütete Original-Geheimrezept des „Telefondue" wird in der Alpenrepublik seit Menschengedenken von der Mutter auf den Erstgeborenen überliefert; aus Gründen des Datenschutzes geschieht das ausschließlich fernmündlich.

Nach einigem Gezerre in der Leitung hat der Stümper die genaue Rezeptur doch noch herausbekommen. Als die undichte Stelle erwies sich dabei die Auslandsauskunft der Helvetischen Telefongesellschaft. Überraschend sind dabei die Kapern im Käse. Doch nicht ganz von ungefähr: Entstammen sie doch der Küche der Piraten. Und die haben in der Schweiz viele Nachahmer – nicht nur unter den elektronischen Wegelagerern von der Wilhelm-Tellekomli.

- 250 g Emmentaler
- 250 g Gruyère/Greyerzer oder den wunderbaren Franche-Comté
- 1 gehäufter EL Stärke (Maizena! Mondamin!)
- 1/2 Liter Weißwein
- 1 Flasche Kirschwasser
- 400-g-Schale kleinköpfige Champignons
- 1 Knoblauchzehe
- 1 Apfel
- 1 EL Kapern
- weißer Pfeffer, Muskat
- viel grob zerwürfeltes Weißbrot (sollte es sich als zu feucht erweisen, kann es ruhig für ein paar Minuten im Rohr angeröstet werden)

1 Beiderlei Käse auf der gröbsten Seite der Standreibe rubbeln und mit der Stärke in einer Schüssel vermengen. Apfel und Knoblauch schälen, von Kerngehäuse beziehungsweise grünem Keim befreien und kleinkanten.

2 Wein im Fonduepott oder einem dickwandigen Stieltopf aufkochen und die mit der Wurzelbürste gereinigten, unten nochmals abgeschnittenen Champignonköpfe für ein bis allenfalls zwei Minuten darin baden gehen lassen. Mit einem Sieb einfangen und am Katzentisch zwischenlagern.

3 Feuer kleinstellen. Apfel, halbierte Kapern und Knoblauch in den Wein werfen und zwei Minuten simmern lassen. Anschließend muß der Stümper löffelweise Käse einstreuen und unter inständigem Rühren mit der Gabel auflösen. Wenn die jeweilige Käseportion vollständig eingeschmolzen ist, darf erst der nächste Hieb folgen. Auf diese Weise wird der berühmt berüchtigten Schweizer Käseverklumpung ein Schnippchen geschlagen. Bei unvorhergesehenen Störungen durch Verwandte, Vollmond oder abrupten Wetterumsturz mit ein paar Gramm weiterer Stärke sowie Kirschwasser couragiert puddingisieren. Keine Angst: Was der Freund nicht weiß, verschlingt er heiß.

4 Auf einen blau flämmelnden Campingkocher (oder ein echtes Rechaud) hebeln, mit einem scharf gezielten Schuß Kirschwasser sowie Pfeffer und geraspeltem Muskat abschrecken und schlußendlich der gierig dasitzenden Stümper-Vollversammlung zum Fraß vorsetzen. Alle tunken abwechselnd Champignons und Weißbrotwürfel selig in die sämige Suppe und kippen sich dazu unentwegt Rachenputzer hinter die Binde.

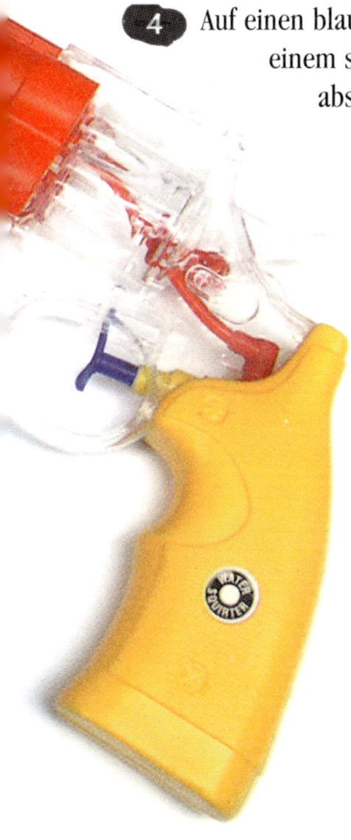

5 So ein Besäufnis bordet orgienhalber leicht über und hinterläßt dann Spuren, die keiner Putzhilfe ernstlich zugemutet werden können. Selbstreiniger verzweifeln sowieso. Also tut rechtzeitige Zügelung Not. Selbst noch über die einfältigsten Hirne besitzt Musik ja unaussprechliche Gewalt, die sich der Stümper – immer in Diensten sozialer Besänftigung – skrupellos zunutze macht. Gellende Pfiffe aus allen Ecken & Enden, unvermitteltes Getrommel & Gegluckse, jäh überdehnte Saiten, schrille Hetärenschreie: Ja, das sind genau die bewährten Ingredienzen einer Tonkunst, die den Abend abkürzt: Harry Partch, „The Bewitched – A Dance-Satire" (CRI Neuyork 1997). Wer indes öfter hinhört, endeckt eine sich immerzu erneuernde und verwandelnde, zauberische Musik bei Partch.

Neues vom Küchenkabinett: Linke kochen mit Sahne, Rechte mit Fond, Liberale gehen essen.

Original-Sudetenfutter nach einem Rezept aus dem Durchgangslager Friedland

Spezzatino con patate

man nehme Rinder u. Schweinefleisch gemischt. In KaDeWe findet man das Fleisch schon in Stückchen geschnitten, als Goulash wahrscheinlich.

In einen Topf ein "soffritto" aus Zwiebeln, ein wenig Knobi, Karotten und Sellerie bereiten.

Wenn der "soffritto" durch ist, das Fleisch hinzufügen (vorher in Mehl wälzen!)

10 Minuten das Fleisch braten und dann eine Dose Tomaten (ohne Schale u. klein geschnitten) dazu geben. 1 Stunde ca. schmoren lassen.

Kartoffeln getrennt kochen und zu der Soße geben.

Salzen und Pfeffern ohne zu übertreiben.

Optionen: ein wenig Weißwei
Milch

von Enrica Ferrazzi

Schmeckt auch gut mit Nudeln!

Stasi Goreng (Seite 28)

Volksauflauf (Seite 52)

Monopollo (Seite 70)

Die Katze aus dem heißen Blechnapf (Seite 94)

Risico
mit 3Korn Crispies
Vollmilchschokolade mit Bordellreis
15cm Knusperspaß

Inder, wie die Zeit vergeht!
Indian RECIPE
OXO
with coriander, turmeric & cumin

Aal glatt

Grottige Gruben, brackige Brühe, schlammige Schächte, trübe Teiche, ausgetrocknete Christstollen, übergelagerte Arbeitsplätzchen: Da geht der Aal glatt durch. Genauso glatt wie die Reibahle durch die Kolbenbolzenführung. Es nützt ihm trotzdem nix. Irgendwann landet dieses seltsam geschmeidige Urtier im glühenden Stahl des Stümpers.

Für Aal Schlange stehen, kennt der Stümper nur vom Hörensagen – heutzutage bietet jedes besser beleumundete Fischgeschäft frischen Aal an.

ein ideales Portionierungsmaß – der oder das Radiergummi

4 frische Aalfilets (ca. 400-500 g)

1 Möhre

1 Bund Petersilie

2 Winzlinge von Zwiebel

2 Knoblauchzehen

4 EL Rosinen

1 getrockneter Peperoncino

4 getrocknete Tomaten

Butter, Olivenöl

Weißwein, weißer Pfeffer

250 g Polenta (grob vermahlener Mais, kein vorgekochtes Mehl, das bereits in einer Minute pronto ist und auch so schnell schmeckt. Ultraauthentisch wäre hier sogar weißes Maismehl, wie es in Sardinien, dem Heimatland dieses Gerichtes, verwendet wird.)

1/4 Liter Milch

links: echte Polenta, rechts: vorgekochte Maispampe

1. Aal enthäuten, waschen, trockentupfen und in radiergummigroße Stücke teilen, die vom Stümper sogleich leicht gesalzen, mild angepfeffert und mit ein bißchen Mehl betäubt werden. Ein kurzes Weilchen ausliegen lassen.

2. Polentarühren ist eine Übung für sich, die allerhand Geduld verlangt und obendrein noch stramme Muckis. Der Stümper bringt einen 3/4 Liter Wasser mitsammen der Milch in Schwung und streut das grobe Maispulver unter hektischem Rühren nach und nach ein. Ein Glas Olivenöl folgt, und dann spatelt und wuchtelt der Stümper bei mittlerer Flamme im blubbernden Brei herum wie ein Berserker, der Valium zu sich genommen hat. Nach gut vierzig Minuten ist die Polenta sämig-weich und wird auf ein nasses Brett gehäufelt. Wenn eine halbe Stunde vorüber ist, sticht der Stümper mit dem tiefen Löffel Portionen aus der Materie und formt sie mit dick gebutterten Fingern. Die auf diese Weise entstandenen Klöße werden in weitläufig auf dem Brett verstreutem groben Meersalz endgültig zu Kugeln im Tischtennisballformat gerundet und auf das geölte Backblech plaziert. Im mittelheißen Ofenrohr nehmen sie im Verlauf einer Viertelstunde willig die Farbe von Maronen an.

3. Parallel dazu brieten auserwählte Vertrauensleute des Stümpers die Aalstückchen sowie gehackte Petersilie, zerdrückten Knoblauch und gecrushten Peperoncino in Butter und Öl kurz, aber aufbrausend von allen Seiten braun, machten die Flamme nach fünf Minuten klein, gossen Weißwein ein, fügten Rosinen, gehackte Zwiebeln und kleingeschnittene Tomaten hinzu und ließen die alsdann bedeckelte Speise für ein hübsches Viertelstündchen mit sich allein.

4. Wenn alles glatt gegangen ist, triumphiert die Oper „Rigoletto" von Giuseppe Verdi aus den Boxen: Natürlich nur die von Rafael Kubelik dirigierte Scala-Aufnahme mit Carlo Bergonzi als Schürzenjäger und Renata Scotto als Schürze (Polydor 1964). Schon zu den ersten erhabenen Klängen, die den Niedergang eines Narren mit verhaltenen Bläsern und dumpfen Paukenwirbeln einleiten, trägt der Stümper die mit frittierten Salbeiblättern gezierten Maisbällchen zu Tisch, wo sie das Schicksal des Aals teilen:

„Habt ihr auch Schwüre zum Unterpfande. Auf flücht'gem Sande habt ihr gebaut, ja, habt ihr gebaut."

Oktopus im Garten

In den Gärten der Evolution hat er seine Gestalt vor Äonen ausgebildet und sich bis auf den heutigen Tag gehalten. Aus seinem unförmigen, wenig ansehnlichen, ja geradezu lächerlichen Äußeren hat der Oktopus das Beste gemacht und sich auf die Darbietung von Kunststückchen spezialisiert. Der Stümper bereitet den Kraken-Kapriolen ein Ende und kauft ihn tot.

2 Oktopusse jeweils zu ca. 700 g – zu deutsch Krake, ein Meerwesen, empfindlich, verletzlich, weil ohne schützende Schale in der Meerwelt (folglich läßt sich der Stümper keine Kalamare oder Tintenfische beziehungsweise Sepias andrehen), befreit von Eingeweide, Seh- und Kauwerkzeugen

2 l Hühnerbrühe (z. B. aus einem TK-Suppenhuhn & Suppengrün, am Vortag zwei Stunden im offenen Topf ausgesimmert)

Rotweinessig

Knoblauch

Lorbeer

Salz

ein Dutzend Weinkorken (aufgehoben vom letzten Trinkfest)

Für das Gesülze:

1/2 l Gemüsefond (1 Glas z. B. von „Lacroix“ oder „Langbehn“)

6 gehäufte TL Jasmintee (edelsortiger: „Morgentau Japan Sencha mit Blüten“ von der Frankfurter Traditionsfirma „Ronnefeldt“)

1 Tütchen Agar-Agar (oder Edelgelatine der Marke „Aspik Pik-As“)

frischer Estragon, dito Kerbel & Petersilie, alle mit der Schere klitzeklein geschnippelt

1. Der höchste Schwierigkeitsgrad zu Anfang: Wo erhält der Stümper einen echten Oktopus? Nun ja, wenn der Gang zum Fischhändler umsonst gewesen sein sollte, springt ein tiefgefrorener in die Nahrungslücke. Den setzt der Stümper in zwei Litern kalter Hühnerbrühe auf und köchelt ihn zunächst für ein paar Minuten, um darauf die Haut abziehen zu können. Dann gehts für eine gute Dreiviertelstunde auf kleiner Flamme weiter – unter Beigabe von ungeschälten Knoblauchzehen, mindestens drei Lorbeerblättchen, drei EL Essig sowie den Weinkorken. Die fungieren, wie der Stümper von Superkoch Kolja Kleeberg aus dem Berliner „VAU" weiß, mit ihrer nach und nach freigesetzten Gerbsäure als Zartmacher. Anschließend dürfen alle acht langen Arme und der Körperbeutel im Sud langsam erkalten: Keine Eile. Hinlegen, fernsehen. Stunden später schnippelt der Stümper das hell leuchtende Fleisch in ulkige Würfelchen.

2. Den Geflügelfond in Wallung bringen und mit zwei Tassen Krakenbrühe verlängern, Jasmintee einstreuen, Feuer abdrehen und das ganze für ein paar Minuten gut durchsuppen lassen. Zwei, höchstens drei gestrichene TL Agar-Agar (ungefähr 5 bis maximal 10 g) kalt anrühren und mit dem leicht ausgekühlten, durch ein feines Sieb geschleusten Jasmin-Hühner-Fond durcheinanderbringen.

3. Nach fünf Minuten Oktopusklein, verfitzelte Gartenkräuter und Agar-Agar-Fond zusammen in eine Kastenform schütten und vertrauensvoll dem Kühlschrank übergeben, in dem zuvor ein unsentimentales Revirement des Stümpers für freie Stellplätze gesorgt hat.

4. Nur für fortgeschrittene Stümper: Naturgemäß gehört der Algentest zu deren Aufgaben und sorgt überdies für Frische in Oktopussis Garten: 300 g Herbe de St. Pierre-Algen von den Rispen reißen und im Sieb mit kochendem Wasser abspülen. Mit millimetergenau gehackten Kirschtomaten, Zitronensaft und Olivenöl begossen zu dem in Scheiben geschnittenen Krakenaspik auffahren.

5. Wo bitte gehts zu Oktopus' Oktaven? Nein, keine Schlager von den Pilzköpfen: Aus der goldenen Kehle eines lyrischen Tenors stammt diesmal die blümerante Begleitmusik: Carlo Bergonzi & das Orchestra da camera di Roma: „Tosti Lieder" (Orfeo 1983).

die Zartmacher aus dem Flaschenhals

„Only a prawn in their game"

sang einst Bob Dylan und Millionen folgten ihm, dem Barden mit der lustigen Muntermonika. Sie liebten seine Lieder, sie konnten den Refrain. Und sie speisten auf des Meisters Geheiß. Keine Zeit verging und die Gewässer waren weltweit überfischt, zumindest was Garnelen – vulgo Prawns – anbetraf. In unseren gemächlicheren Tagen ist die Lage immerhin kommerziell geklärt. Möglicherweise hat gerade dieser amerikanische Singvogel, der mit glockenheller Stimme gegen satten, selbstgefälligen Konsum antirilierte, dazu beigetragen, daß einem mittlerweile jenes Obst des Meeres überall zum Discount nachgeworfen wird.

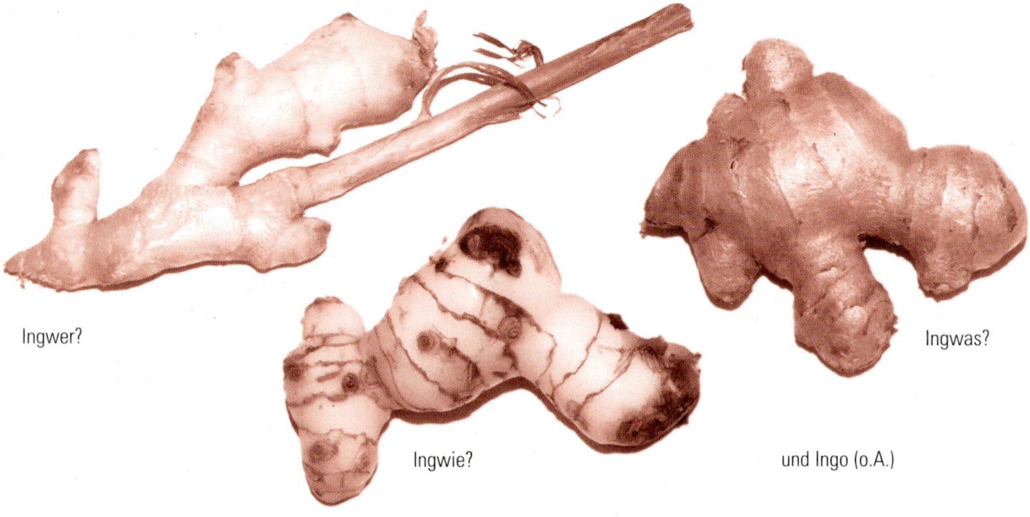

Ingwer?

Ingwas?

Ingwie?

und Ingo (o.A.)

1 Pfund rohgeschälte TK-Garnelen Format mindestens Markstück („rough peeled Prawns" das Kilo um 20 Mark)

Tempura-Batter-Mix z. B. von „Lobo" aus Thailand (eine bemerkenswerte Mehlmischung inklusive Ei- und Backpulver für knapp zwei Mark)

Soja- oder Erdnußöl

1 Puschel Koriandergrün

1 Zitrone (noch besser eine Limette)

Sonichtsoße

4 faustgroße, handfestkochende Kartoffeln

2 Minidöschen Kokosmilch (je 165 ml „Aroy-D Coconut Extract" oder „Chaokoh" in gewachster Pappe zum Beispiel)

1 Daumen Ingwer

Salz

1. Tempuramischung mit 3/4 Tasse eiskaltem Wasser sowie einem EL Sojasoße anrühren. Dann die aufgetauten und dünn mit Mehl bestäubten Garnelen darin panieren. Wok oder eine Soßenpfanne nackt erhitzen und erst dann zwei bis drei Tassen Öl einfüllen. Nicht so wild heiß werden lassen: Rauchen niemals in der Küche, sondern höchstens auf dem Balkon!

die Maggi Japans

2. Kartoffeln ca. 20 Minuten abkochen, schälen und in einem Pott mit einer Gabel zerdrücken, dabei immer wieder mit Kokosmilch geschmeidig machen. Zum Schluß winzigkleingestiftelten Ingwer hineinpraktizieren und absalzen. Im Ofen bei Stufe 1 kurz warmstellen. Avancierte Stümper rösten noch schnell eine Handvoll Kokosraspel ohne Fett in der Pfanne und pampen die rasch zu Gold gewordenen Späne auch noch unter. Ein TL Sesamöl und eine gute Idee Chilipulver dazu ist auch nicht verkehrt.

3. Sôdelé, wie der Franzose sagt, jetzt sollte das Öl schön schmurgeln (nach Adam Rübezahl bei 160 bis 180 Grad). Kurze Probe mit einem Tropfen Tempura-Panade: Wenn er gleich wieder aus dem Öl aufsteigt, dürfen die Garnelen 2-3 Minuten baden. Nicht zuviel auf einmal backen, lieber pö-à-pö vorgehen, damit die Dinger nicht zusammenkleben! Mit einer Gabel einzeln auffischen und auf ein paar übereinandergelegten Bahnen Toilettenpapier sorgsam entfetten.

4. Kartoffel-Kokosbrei auf angewärmten Tellern hochflorig ausbreiten und Garnelen zuteilen. Mit Zitronen- beziehungsweise Limettensaft und gehacktem Koriandergrün (gemeiner Peter Ling tuts zur Not auch) auffrischen.

5. Das war es bereits. Nun stellt sich die Frage, was der Stümper dazu trinkt und hört. Ein Hefe-Weißbier, aber außer Gluck-gluck ist da akustisch nicht viel zu vernehmen. Bob Dylan haben wir früher genugsam gehört – und ein pittoreskes, absichtsvoll aus Zufällen gestricktes Tongemälde wie „La Scala“ von Keith Jarrett paßt sowieso weitaus besser zu Garneligem (ECM, 1997). Oder eine pianistische Eskalation: „Murray Perahia plays Haendel“. With care! (Sony Classical, 1997).

Nuschelei

Zugeklappt nuscheln Muscheln nur. Offen, von ihrer Schale befreit, sprechen sie eine klare Sprache, die der Gaumen gut versteht. Hierzulande sind die Feigen des Meeres hauptsächlich durch Miesmuscheln aus Holland vertreten, deren Name schon (fast) alles sagt. In Italien nennt man sie gar „cozze“. Dort erfreuen sich die deutlich kleineren, beigen Vongole „veraci“ (wörtlich übersetzt: „echte“; bei uns gibt es sie manchmal als Venus- oder Herzmuscheln, die sich der Stümper – kaum im Land der Zitronen – sozusagen als Pflichtgericht einverleibt) sowie die noch herrlicheren Jakobs- oder Pilgermuscheln weitaus größerer Beliebtheit. Wegen ihrer feinen, dennoch energischen Resonanz, die die Nase ganz ausfüllt, können sie kräftige Beikost wie getrocknete Feigen problemlos schultern. Beschaffung, Wartung und Waschen: Ein Stümper mit Fasson erledigt das im Nu.

Zur Verdeutlichung: Die nach dem heiligen Jakob benannte Muschel führt auch ein bekannter Mineralölkonzern im Schilde. Sogleich zündet im Stümper die Idee, sie mit einem bittersüßen Orangenlikör aus Italien zu kombinieren, der eindrücklich offensiven Benzinismus anmahnt. Klingt „Aperol“ etwa nicht nach Raffinerie, Rennwagen, Radau? Kurven, Kürbis, Kulmination?

1500 g Jakobsmuscheln im Gehäuse (ihr eßbarer Teil beläuft sich gerade einmal auf 20% der Ausgangsmasse) oder ca. 300 g ausgelöstes Fleisch (z. B. schottische Exemplare im Feinkosthandel zu knapp 100 Mark pro Kilo)

1 handbreiter Spalt Kürbis

3 Schalotten

1 Flasche Aperol

1 Becher Sahne

Olivenöl (schön wäre es, wenn es von Trüffeln aromatisiert wäre)

1 Handvoll getrocknete Feigen

Butter

Zitrone

2 kleine Chilischoten

Trockenfeigen

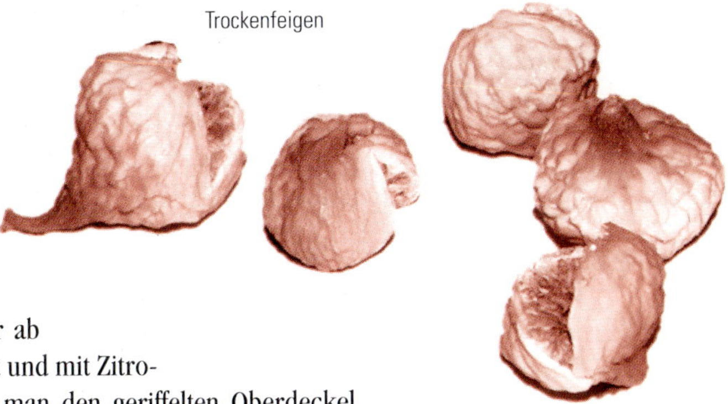

1. Zunächst werden die Muscheln aus der Schale geschnitten und unter viel kaltem Wasser ab Hahn gründlich gereinigt und mit Zitronensaft erfrischt. Damit man den geriffelten Oberdeckel leichter abheben kann, ist es manchmal nötig, sie zuvor in eine gut gewärmte Pfanne zu legen. Schlußendlich halbiert der Stümper die fast walnußgroßen Stücke quer, legt sie mit ein paar weiteren Spritzern Zitrone versehen und in Alufolie gepackt auf die lange, kalte Bank.

2. Währenddessen läßt der Stümper die gehackten Schalotten für ein paar Minuten in einem vollen EL Butter leicht angehen und fügt das kleingewürfelte Kürbisfleisch hinzu. Bedeckelt gart es ungefähr fünfzehn Minuten auf kleinstem Licht. Alle fünf Minuten Satz aufstöbern und umwirbeln. Am Ende nur noch mit Sahne vermengen, grausam pfeffern und auch nicht mit Mineral sparen: Kürbis frißt Salz. Das weiche Muschelbett wäre damit gemacht.

3. Vier EL Olivenöl in der Pfanne nicht allzu heiß werden lassen, die Muscheln aus der Aluminiumhülle hineinschütten, leicht salzen und über fanatisch hochgedrehter Hitze mit einem EL Zucker und einem halben TL Chilipulver karamelisieren. Das braucht allerhöchstens eine knappe Minute, je nach Dicke. Mit einem flotten Schuß aus der Aperolbuddel verflüssigen und sofort über dem bereits in Tellern harrenden Kürbispürre anrichten. Ein martialischer Feldsalat mit einfachster Vinaigrette aus Öl, Essig und wenig Senf sowie gebratene Feigen obenüber rundet den Genuß. Akustisch abfedern mit der k.d. langspielplatte „drag“ (Fa. Warner Brüder 1997). Das flache, manchmal sogar entmutigende Tremolo der Sängerin bewegt wohl jedes suchende Herz.

eingedoste Trüffelschalen

Seemannsgarnelen

Seeleute heute gehen kaum noch an Land; die modernen Containerschiffe haben soeben erst angelegt, da ist die Ladung schon gelöscht. Auf Kurs gehts wieder mit Gütern im Bauch.

Unausweichliche Folge ist: Das Seemannsgarn entfernt sich immer weiter von der Wirklichkeit. Zum Glück gibt es die Kombüse, deren Belieferung so etwas wie den Einbruch von Realität in ein immer abstrakteres Leben auf den Ozeanen darstellt. Notgedrungen ranken sich Grillen und Schnurren um Speisen und ihre Bereitung. Daß beim Stümper Garnelen keine echten sein dürfen, wäre somit klar, wie es die See einmal war.

500 g tiefgefrorenes Surimi/Seasticks/Fishcake (eine japanische Industriemixtur aus abgekochtem weißem Seefisch, Soja, Stärke, Zucker sowie unüberschmeckbarem Krebsaroma. So etwas kommt in unschuldiger Natur natürlich nicht vor, aber koreanische Daewo-Wägelchen, norwegische Hamsung-Stereoanlagen und chinesische Yum-Yum-Tütensuppen ja auch nicht.)

100 g getrocknete Shiitake-Pilze

1 Zwiebel

1 Knoblauchzehe

1 Flasche Sake-Reiswein

Sojasoße

Öl

Erdnußbutter

Tomatenmark

Reismehlnudeln

Shiitake-Pilze

1. Zunächst läßt
der Stümper den in
Havannaformat portionierten und in fester Folie eingeschweißten Fischkuchen gemütlich auftauen. Währenddessen legt er die Pilze in laues Wasser und schickt einen TL Zucker hinterdrein, was den Geschmack deutlich hebt. Dann landen seine zwei linken Hände wieder dort, wo sie hingehören: in den Schoß.

2. Jetzt wird der oder die Sake geköpft und in einer kleinen Blumenvase erhitzt, die nur für ein paar Minuten in simmerndem Wasser stehen muß. Köstlich und nützlich – zum Beispiel gegen Schnupfen! Der Stümper ist nunmehr versucht, den heutigen Abend abzublasen, um sich nach alter Piratensitte ganz allein von den Düften dieses Heißgetränks umwehen zu lassen. Doch halt! Es soll ja noch gekocht werden.

3. Also wird die Pfanne (besser noch der Wok) aus dem Arsenal gezogen und nackt unter Feuer genommen. Gleich darauf zwei EL Sonnenblumen- oder Erdnußöl hinein – und schon schmurzeln Zwiebelringe, Knoblauchstifte, die quer zerteilten Surimis sowie die geachtelten Shiitakes darin. Dies alles auf Stümperart wild durcheinanderwerfen, damit nichts anhängt. Eine paar Minuten genügen. Mindestens drei EL Sojasoße und ebenso viele Reisweineinheiten zugießen plus einen Schuß Tomatenmark und einen Hieb Erdnußbutter. Alles zusammen für fünf Minuten durchziehen lassen.

4. Die transparenten Nudeln aus Reismehl wurden für 20 Minuten in reichlich warmen Wassers eingeweicht. Dann verknotet der Stümper sie mit den Seemannsgarnelen in der Pfanne. Nach kurzem Hitzeschock tischt er seinen Gästen Dönekens aus seiner Zeit als Vielleichtmatrose auf.

Frühlingsbällchen

Im Deutschen hat der Frühling seinen Eigennamen, den Lenz, verloren. Er wird nur noch nüchtern bezeichnet. Von seiner Kommenszeit abgeleitet, kann er sich als gerade noch geduldet betrachten im ewigen Reigen von Werden und Vergehen. Seine Kollegen dagegen führen überaus prächtige Titel: Sommer, Herbst, Winter. Allein wie sie klingen!

Im Englischen dagegen wird ihm mit „spring", einem zwar einsilbigen aber sportiven Wort, Ehre angetan, und die Italiener haben den Frühling sogar nach ihrer besten Pizza benannt.

Der Stümper mit seinem bekannten „Jetzt-erst-recht!" und „Wieso-eigentlich-nicht?" bejaht die Maienzeit rückhaltlos und sinnt sodann auf köchelpraktische Ehrenrettung. Beschwingt, wie er zu Lenzeszeiten ist, kann eigentlich nichts schiefgehen: Wenn's nicht so wurde, wie es werden sollte, sollte es so werden, wie es ist.

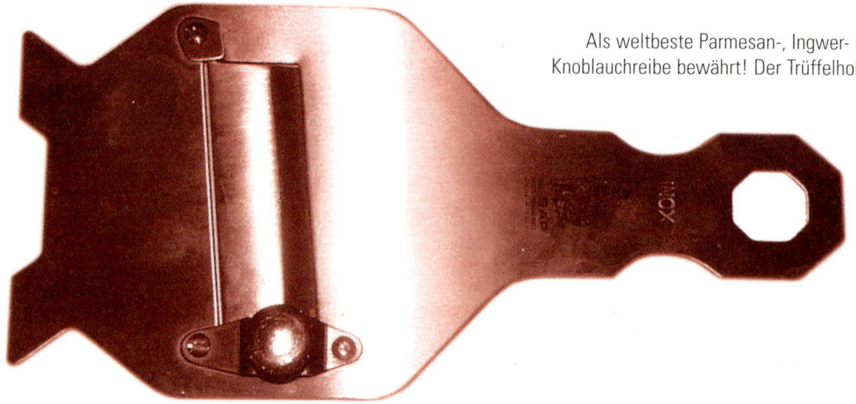

Als weltbeste Parmesan-, Ingwer- und Knoblauchreibe bewährt! Der Trüffelhobel.

4 ausgelöste Hühnerbrüste
6 Schalotten
4 Eigelb
Erdnußöl
süße Sojasoße „Kecap Manis"
etwas Stärke
weißer Pfeffer
Weißwein

4 längliche Radicchio-Trevisano (bis zum März hat er seine beste Zeit)
1 Bund Frühlingszwiebeln
4 Tassen italienischen Reis (am besten die Vialone Nano- oder Carnaroli-Sorte)
Butter
100 g Parmesan
etwas Würfelbrühe

1. Die erste Hürde ist gleich die höchste: Wo ist der Fleischwolf? Auch wenn der sich nicht aufspüren läßt, kann dem Hühnerfleisch mit einem schwertartigen Messer zu Leibe gerückt werden. Dann nämlich hackt der Stümper das zartrosa Fleisch mit all seiner aufgestauten Wildheit kurz – und vor allem derart klein, daß es am Ende von Hackepeter nicht zu unterscheiden ist. Findet sich ein Wolf, dann dreht der Stümper durch.

2. Der nächste Schritt ist denkbar leicht. Ein Drittel vom Huhn wandert in ein Töpfchen, das mit etwas Wasser, wenig Weißwein und viel Sojasoße gefüllt ist, und wird für zwei Minuten abgesimmert, anschließend in einem Sieb aufgefangen und danach im Kühlschrank mit Kälte konfrontiert. Die Brühe wurde ebenfalls gerettet und mit einem Würfel aus der nationalen Suppenforschung gestärkt; sie ist für fernere Zwecke vonnöten.

3. Diese Ruhezeit überbrückt der Stümper mit umsichtigem Goldigbraten der kleingeschnittenen Schalotten, die er später unters rohgebliebene Hühnerfleisch mengt, mitsamt einer Quinkelation Sojasoße, einem TL Salz und weißem Pfeffer.

4. Jetzt ist das, besser wohl: der Risotto dran. Die zerhexelten Schluppen wollen in zwei EL Butter rasch angebraten werden, dann stößt auch schon der genauso malträtierte Radicchio dazu und nach ein paar Minuten auch der Reis. Er hängt kurz an, wird vom Stümper aber prompt mit verbliebener Hühnerbrühe sowie einem Schüßchen Wein verflüssigt und schwächelt dann auf kleinster Flamme so vor sich hin. Pö-à pö werden beide Flüssigkeiten zugegossen. Umrühren ist nicht verboten. Bieten die Körner kaum noch Widerstand, schickt der Stümper den vollständig aufgeriebenen Parmesan ins Treffen. Schön schleimig-fest soll es werden! Doch zur gekörnten Fondue solls nicht geraten: Also Maß mit Käs!

5. Zurück zum Huhn – oder zunächst zu seinen Kindern. Der Stümper kehrt den Schlagbesen hervor und volumisiert das Gelbe vom Ei mit cirka sechs EL Öl zu einer japanischen Mayonnaise, die ohne Säure auskommt. Die befördert er sofort unters gekochte (aus dem Kühlschrank) und rohe Huhn, formt mit Unterstüzung von Stärkepuder putzige Klopse und dämpft sie im Sieb über kochendem Wasser für gerade einmal fünf Minuten. Verblüfft über das Ergebnis sind alsbald sogar hartgesottene Boulettisten überzeugt.

Radicchio Trevisano

Die Katze aus dem heißen Blechnapf

Nicht nur Chinalokale hatten früher Nachschubprobleme, unsere Vorfahren kannten sie auch schon. Sogar nur zu gut: Bevor sie endlos Kohldampf schoben, sahen sie sich lieber in der Nachbarschaft diskret nach einem sogenannten Dachhasen um. Alles weitere kann man sich ja denken.

Heute erinnern lediglich noch „Katzenzungen" an diesen alten Brauch. Allerdings werden die inzwischen aus Mehl, Zucker, Ei, Sahne und Vanille gemacht. Daß sich der Stümper mit so einer simplen Süßspeise nicht zufrieden gibt, mag höchstens Unbedarfte überraschen. Doch die Zuneigung zum samtigen Pfotentier läßt ihn auf eine traditionelle Speise aus dem US-Staat Tennessee umgreifen, die der Katze das Fell beläßt, jedoch dem ursprünglichen Rezept in Geschmack und Konsistenz in verblüffender Weise nahekommt:

5 Kaninchenschenkel	Olivenöl
6-8 festkochende Kartoffeln	Weißwein-Essig
1 kleine Dose Artischockenböden	weißer Pfeffer
2 Knoblauchzehen	Salz
1 Bund Petersilie	ein paar lumpige Pfennige Tomatenmark
Butter	eine stolze Herrenmenschenschokolade

1. Bevor er sich an den Stallhasen macht, schält der Stümper die Kartoffeln, kantet sie in ungelenke Stücke und trocknet sie gründlich im Küchentuch. Dann streut er sie zusammen mit etwas Öl, einem Klacks Butter und Salz auf seinen runden, unterarmbreiten Blechnapf (im türkischen Supermarkt schon für einen Spandaudollar beziehungsweise Heiermann zu haben). Derweil brüllt der Ofen auf Stufe 6 (250°). Da müssen sie hurtig hinein, um dort nicht einmal goldbraun zu werden. Dauert keine 20 Minuten; zwischendurch mit der Gabel umpflügen.

2. Nächstens das Gemüse: Artischocken entdosen, abspülen, achtteilen und in einem Töpfchen mit zwei EL Öl, einer gehackten Knoblauchzehe (wie immer den blähenden Trieb entfernen!) sowie etwas Wasser, Salz und Pfeffer leise anköcheln.

3. Auch für „Big Daddy", den Kater des Stümpers, fällt beim Herrichten des Karnickelragouts einiges ab: Mit bescheidener Chirurgie wird der Beinknochen der Hinterläufe freigelegt, durch zusätzliche Schnitte gelockert und irgendwann umständlich herausgewunden. Fett, Knorpel und vom Knochen geschabte Fetzen kriegt die längst lästig murrende Mieze.

4. Dann teilt der Stümper das Fleisch in grobe Würfel und brät sie in Butter rasch allseits kroß. Zum Schluß pfeffern, salzen, Knoblauchfitzel dazustreuen und herausnehmen. Während das Häslein zwischen den Kartoffeln im Napf ausruht (jetzt auf Stufe 1/160°), Bratfett aus der Pfanne gießen und den Bodensatz mit einem EL Essig und ein bißchen Wasser aufwühlen. Schnell mit je einem TL Butter und Tomatenmark verschmurgeln, bis der Lack steht.

5. Die Naschkatze im Stümper reibt zwei Rippen kalte Schokolade wie Parmesan und streut die schwarzen Raspeln über den gesamten Blechnapf, in den sich zuvor auch die Artischocken sowie die Soße begeben haben. Petersilie über alles!

6. Selbst leidgeprüfte Nachbarn können in diesem Fall Katzenmusik nicht ernstlich verübeln. Das jodelige Gegurre der großartigen samischen Sängerin Mari Boine aus Lappland, versumpft durch Slide-Guitarre und wirbelndem Getrommel, läßt die ganze Stümperbande alsbald in tiefe Trance fallen: „Gula gula/nieida/gánda/Gula máttut dál du curvot..." (CD „eallin", Antilles 533 799-2).

Lemon Chicken

In jüngerer Zeit konnte sich in London eine Welt-Kochkunst etablieren, die Einflüsse aus allen Erdteilen aufgreift und vorurteilslos verarbeitet. Seit kurzem schätzt der Stümper Mary Berry's „Complete Cookbook“ (Verlag Dorling Kindersley 1995) und experimentiert daraus nach Kräften. Obwohl verführt von den vielen bunten Bildchen im Buch, hat die eigene Praxis dann doch einiges ins Stümperhafte abgebogen. Hauptsache es schmeckt, sieht gut aus, gefällt den Freunden, kommt gut weg in der Kritik, wird international nachgekocht und findet Eingang in den Kanon klassischer Rezepte: Mehr verlangt der Stümper gar nicht.

4 Hühnerschenkel
2 Zwiebeln
4 Knoblauchzehen
8 mittelgroße Kartoffeln
4-6 gleichrote Bete
1 Glas Lemon Curd (ersatzweise zwei 6-g-Tütchen „Finesse - Geriebene Zitronenschale“ sowie ein TL Honig)
6 Karotten
Olivenöl
Sojaöl
Apfelessig
Butter
weißer Pfeffer
Rosmarin
Backpulver
Salz

spezielle spanische Würzmischung für eilige Würzer

1. Bevor das Braten & Juchzen anhebt, werden die steinharten Bete unter Wasser gesetzt und kriegen für eine knappe Stunde Hölle. Nach dem Abgießen erfrischen sie sich für eine Zigarettenpause an kühler Luft (Balkon vorhanden?) und müssen dann von ihrer dünnen Haut befreit werden. Halbieren, nochmals halbieren und in schmale Scheiben schnippeln. Zwei EL Essig und vier EL Olivenöl darüber - tüchtig amalgamieren, prima. Kleiner Wink von Herd zu Herd: Der nun nötige TL Salz kommt in den Mörser und wird per Stößel mit Pfefferkörnern feinst verschmirgelt. Diese Methode merken wir uns. Sie ist unfehlbar. Der gleiche Effekt wird auch mit etwas Zucker erreicht, nur nicht heute.

2. Das Sojaöl in der Pfanne tanzt schon – rein da mit den Schenkeln, die der Stümper zuvor nur vorsichtig mit etwas Backpulver oder etwas Kaiser-Natron (Nebenbei: Es sollte 1937 tatsächlich in „Führer-Natron" umgetauft werden!) beduselt hat, um ihnen von beiden Seiten leichte Bräunung zu verschaffen (kaum drei Minuten insgesamt), raus damit!

In einem großen, runden Backblech plaziert der Stümper unter jeden Schenkel zwei längs halbierte Möhren, um sie etwas über den Sumpf zu erheben, der entsteht, wenn die geachtelten Zwiebeln, die vom Zweiglein gerupften Rosmarin-Nadeln und Kartoffeln sowie die in Schale belassenen Knoblauchzehen zwischen das Fleisch gelegt und mit ein bis höchstens zwei Tassen Wasser aufgefüllt werden (es kommt eben auf die Größe der Hühnerbeine an). Bei Stufe 6 im Ofen schmoren lassen. Alle sieben Minuten nachsehen und, wenn nötig, ein bißchen Wasser einschenken.

3. Nach 20 Minuten schmeckt der Stümper mit ein klein wenig Apfelessig und Lemon Curd ab und serviert mit Reis oder weißem Brot.

besser als Balsamico - der Überessig von Gölles

Kassler subtropical

In der Geschichte des deutschen Ernährungsbewußtseins haben die Revoluzzer des Jahres 68 keine nennenswerten Spuren hinterlassen. Vielmehr sind die desaströsen Wohngemeinschafts-Experimente von damals sang- und klaglos in der allgemeinen kulinarischen Strömung untergegangen.

Jener Aufruhr am Ende der 60er Jahre, der erklärtermaßen die bürgerlichen Verhältnisse zum Tanzen bringen wollte, verstand es immerhin, den Käse zum Fließen zu bringen: Toast Hawaii, gratinierte Spaghettis, Cordon bleu, Pizza mit Butterkäse sowie käseverkrustete „Heinz Baked Beans" erfreuten sich geradezu infantilster Beliebtheit.

Einsame Kennerschaft dagegen verrieten Pfeffersteak in „Ruffino"-Chianti (aus der 1,5-l-Korbflasche) oder frittierter Camembert; auch panierte Tintenfischringe und Schnecken, beide begleitet von einer mit Knoblauchgranulat aromatisierten Margarine (die wegen ihrer immerhin formidablen Streichfähigkeit „weiche Butter" genannt wurde), galten als Ausdruck sublimsten Luxus', ja einer gepflegten Dekadenz, die dazumal noch geschätzt wurde.

Weltoffenheit stand zwar nur rein theoretisch zur Diskussion, aber wenn der tunesische Genosse sein Kassler-Couscous mit „Harissa" aus der Tube schärfte und dabei verschwörerisch bedeutete, das sei gut fürs „Ficki-ficki", war der angehende Senilstudent trotz anfänglicher Zweifel alsbald mit von der Partie.

4 Kassler Kotelettes mit Filet

1 Dose Ananas (in Scheiben)

1 Glas Cocktail-Kirschen

1 Päckchen „Kraft Velveta"-Scheibletten

1 Kubus Sanella

10 Kartoffeln

2 Knollen Fenchel

1 Becher Sahne

1 Tütchen Parmesan mit dem bekannt kotzigen Aroma (man darf aber ruhig auch echten nehmen)

1 Packung „Sprengel-Erfrischungs-Stäbchen" oder Eismoritze

Platts gefürchtete Kladde mit den Strafgerichten

Exotische Früchte waren Dose, und geräuchertes Schweinefleisch war zum Beispiel beim legendären „Bantam Super", Berlins meistbeklautem Kaufladen, häufig im Angebot.

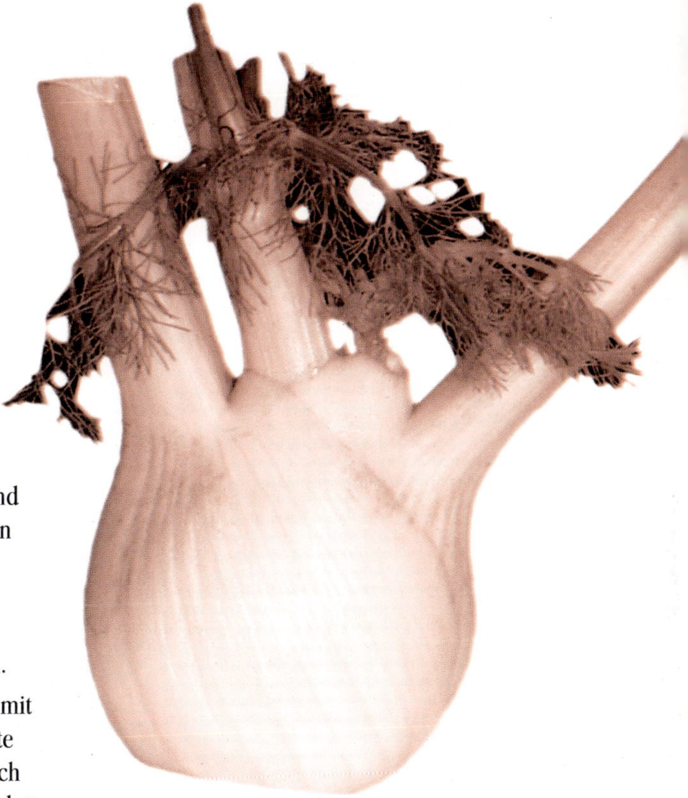

1. Zunächst schichtet der Stümper die geachtelte Fenchelknollen sowie die geschälten und geviertelten Kartoffeln in ein Sieb und dämpft sie im geschlossenen Topf über kochendem Wasser. Knapp 20 Minuten sollten reichen.

2. In der Zwischenzeit ist die mit einem EL Sanella beschickte großflächige Pfanne ziemlich heiß geworden auf die Kotelettes. Die werden auf beiden Seiten ganz kurz, aber heftig angebraten und gleich danach aufs Backblech gelegt. Auf jedes Fleischstück kommt eine Ananas und ins charakteristische Mittelloch die Kirsche. Scheibletten drauf und ab damit ins Vollrohr.

3. In den verbleibenden sieben Minuten drückt der Stümper Fenchel und Kartoffeln gemeinsam durch die beliebte Spätzlepresse (oder matscht sie mühsam per Gabel rücken) und verrührt den gipsartigen Brei mit der Sahne, einem Klacks Sanella und Parmesan. Sparsames Salz bekommt einer solchen „Brandade", wie die Stümper in Frankreich dazu sagen.

4. Nescafé war anno 68 Hansdampf in allen Tassen: Ein gutes Argument, ihn auch heutigentags wieder zu servieren. Ohne ein gezieltes Ablenkungsmanöver mit Erfrischungsstäbchen nimmt jedoch kein Stümperfreund die widerwärtige braune Brühe zu sich.

5. Die Partei des Stümpers hieß „The Rolling Stones", und bis heute berückt ihn die aufgebauschte Naivität, mit der diese englische Tanzcombo ihren schwarzen Vorbildern nachlärmt: Der schusselig aufgenommene Bootleg „Factory Guys – Live at Giant Stadium N.J. USA 16th Oct. 1997" should be played loud bei Tisch.

Angriff der
Riesen
Garnelen
!

Tartar auf Fleischwolfjagd

Othello tomato

Manches patente Rezept ist der Tragödie zu verdanken; im Falle des Afroitalieners Othello einer, in der es um nichts weiter geht als um ein Sacktuch. Das ist seiner Gemahlin Desdemona abhanden gekommen. Ihr Mann ruft Freund Jagow herbei, der sich sofort auf die Suche macht. Der verlorene Stoff besitzt nämlich ideellen Wert: Er ward von jener Leinwand geschnitten, auf der Othello seine Liebste als „Desdemona Lisa“ hatte portraitieren lassen (hier erlaubt sich Shakespeare eine ziemlich abgeschmackte Anspielung auf den Künstlerkollegen Leonardo da Lisa). Doch Jagow dem Jäger gleitet das Webstück durch die Finger, und es findet seinen Weg in die Hose von Castorf, der damit im Puff Spielschulden begleichen will. Der Lappen wird aber nicht akzeptiert und landet wenig später inklusive Castorf im Bett der ursprünglichen Besitzerin.

Olivenpaste aus dem Mohrenland

1 Leintuch in Großformat plus 800 g Kalbsnuß (also aus der Keule)

4 Lorbeerblätter

3 Nelken

1 Büschel Sellerieкraut

Petersilie

200 g Thunfisch

1 Döschen Sardellen (das Glutamat des Südens: Sparsam verwandt, betonen Sardellen den Eigengeschmack, runden ab, harmonisieren und verschwimmen dabei als Fische)

1 Glas schwarze Olivenpaste

1 Handvoll blutrote Trauben

2 harte Eier

2 EL Kapern

4 Zwiebeln

weißer Pfeffer

Salz

Zitrone

gutes Olivenöl

Othello vernachlässigt derweil seine Pflichten als Hauptmann von Venedig: Byzanz fällt an die Türken und in der Languste bricht eine Umweltkatastrophe aus – was immerhin zur Erfindung der Ölsardelle wie auch – annähernd 500 Jahre später – zu diesem Rezept geführt hat.

Othello good bye! Während der gemeinsamen Morgentoilette windet er das Tuch seiner Angetrauten derart ungeschickt um den Hals, daß ihr die Luft ausgeht. Auch der Stümper braucht jetzt so ein strapazierfähiges Utensil:

Othello: „Hast Du schon zu Tisch gebetet, Desdemona?"

1. Das Tuch wird ausgebreitet und mit Lorbeer, Sellerie und Petersilie begrünt. Der Stümper setzt das nur mäßig gesalzene und angepfefferte Fleisch ins Bukett und bastelt aus dem Ganzen einen gleichmäßig dicken Wickel, der mit einer Kordel gefesselt wird. In Salzwasser simmert der Beutel – von nelkengespickten Zwiebeln begleitet – für eine gute Stunde. Im Sud erkalten lassen, herausnehmen, entwindeln und mit einem Eisenmesser von F. Dick in mickymausheftdünne Scheiben schneiden. Sodann mit Punkt 2 sowie totgestochenen Trauben überschlappern.

2. Dosenthun, 4 Sardellenfilets, Eigelb und zermörserte Kapern stürzen in eine hochwandige Schüssel, worin sie vom Stümper mit einer Gabel zu Pampf zerquetscht werden. Mit ein paar TL Olivenpaste vermohren, mit Olivenöl, Zitronensaft und vielleicht zwo Löffelchen Kalbsbrühe zu einer sämig-schwappenden Paste verlängern. Vorsicht: „Othello tonnato" ist fix klassisch versalzen – Fische, Oliven und Kapern sind es ja von Dose aus.

Kalbtraum in Kokos

Auswärtsspiele haben ihre Tücken – auch und gerade in der Küchenlandschaft. Nirgendwo nämlich ist der Fremde fremder als in einer fremden Küche. Wo der Topf, wo der Gasanzünder, wo die Gewürze? Besitzt man ein feines Sieb? Und wenn ja, wo ist es? Daß die Rührlöffel in einem weißglasierten Milchtopf mit der Aufschrift „Krankenanstalten Kiel“ stehen – „Weißt Du doch, direkt neben, nein, hinter dem Zwiebelkorb“ – sagt einem ja vorher keiner! Und was gewöhnlich als Küchenmesser gereicht wird, taugt höchstens noch als Staubwedel. Mithin ist der streßscheue Stümper gut beraten, neben den Zutaten auch einen Gutteil seiner Kochutensilien mit an den Herd des Geschehens zu überführen.

1,5 Kg Kalbsbraten (aus Bug oder Nuß)
1 Glas Lacroix- oder Langbein-Kalbsfond
1 Dose Kokosmilch
6 EL Kecap Manis (süße Sojasoße; beste Marke „ABC“, weil mit echtem Palmzucker verdickt)
1 Zwiebel
2 Knoblauchzehen
2 Stengelchen Zitronengras
8 Limonenblätter
2 Lorbeerblätter
2 TL frischer grüner Pfeffer
2 Nelken
3 EL Soja- oder Erdnußöl
Backpulver
Salz

Für's Beilager:
500 g grüne Bohnen (wenns geht: extralang Marke Frischimport aus Asien)
Zucker
mächtig Weißbrot

In die wahrhaft gute süße Sojasauce gehört echter Palmzucker aus Palm Springs.

1. Der Stümper wäscht das Fleisch unter fließendem Wasser und tupft es mit zweilagigem Klopapier, das ihm seit Gedenken Küchenkrepp ersetzt, gründlich trocken. Dann massiert er ein halbes Teelöffelchen Backpulver ins Tier. Salz, wenn überhaupt, greift erst später ins Geschehen ein. Zunächst zieht der Stümper seine schwere Kaserolle von anno 18 hervor und heizt darin das Öl.

2. In der Zwischenzeit schnippeln die Gastgeber die kecken Spitzen von den Bohnen und zerteilen sie in etwa einwegfeuerzeuglange Stücke. Darob schluckt sie ein Sieb, worin sie – gut gesalzen und wohlbedeckelt – über siedendem Wasser für zehn Minuten verweichlicht werden. Übrigens: Ein wenig aufgepuderter Zucker intensiviert die tannichte Farbe.

Im nächsten Stümperbuch befindet sich exakt auf dieser Seite eine exorbitante Bohnensuppe, gekocht aus den besten Wachtelbohnen der Sorte „Lamon Regina". Sie kosten glatt das doppelte, schmecken aber dreimal so gut.

3. Mit Gabel und Löffel dirigiert der Stümper das Fleisch für zirka fünf Minuten im schmurgelnden Öl herum, bis es allseits nett bräunlich ausschaut. Überschüssiges Fett wird weggegossen, kleingeschnittene Zwiebel und gehackten Knoblauch nebens Fleisch, kurz andünsten. Dann muß Bratensatz mit Kalbsfond und Sojasoße aufgestöbert werden. Mit dem Hammer angeknackstes Zitronengras, Nelken, Lorbeer- und Limonenblätter folgen in den mit vielleicht mit ein bißchen Wasser verlängerten Sud: Der Braten soll sich zu 2/3 in Flüssigkeit suhlen. Bei 150 Grad (Gasstufe 1) im vorgeheizten Rohr für gute zwei Stunden sozusagen flüsternd köcheln.

4. Den Braten herausheben und kurz in Alu warmhalten. Die Soße durchsieben, stark einkochen und zum Schluß mit der Kokosmilch binden. Jetzt darf die Soße nicht mehr zum Kochen kommen. Ein paar zerstoßene grüne Pfefferkörner dazugeben und mit dem aufgeschnittenen Braten der versammelten Meute vorsetzen. Bohnen nicht vergessen!

5. Auf die Soße kommt es an! Deshalb hat der Stümper für Unmengen Weißbrot gesorgt und freut sich wie ein Schneekönig, wenn alle tüchtig tunken.

Die Dose der Pandora

Dosen liegen beim Stümper wie gespannte Büchsen im Regal, jederzeit bereit, dem unangemeldet eindringenden Gast die Suppe zu verlängern: Falsche Scheu vor Konserven besteht also nicht – selbst auf die Gefahr hin, daß es sich um die Dose der Pandora handeln könnte, aus der in grauer griechischer Vorzeit alle erdenklichen Laster und Torheiten, Peinigungen und Höllenqualen schlüpften und sich als immerwährendes Unglück über das Menschengeschlecht ergossen.

Nein, Dosen sind immer noch Bestandteil der modernen Küchenkultur. Bei Ananas, Kondensmilch, Thunfisch oder Sardellen ist die Dosenhaltung sogar unerläßlich, um den gewünschten Geschmack herauszubilden – etwa so wie beim Wein, der ja auch erst in Gefangenschaft reift.

Aber auch leere Dosen sind noch vonnütze. Einmal als Bereicherung des Hausmülls um schmucke, teilweise exotische Exemplare, zum andern als Backform. Hierzu eignen sich vorzugsweise 250-g-Espressodosen, etwa von „Illy" (in gefüllten Zeiten unter die ersten Kaffees zu zählen). Gut ausgespült und durch Lagerhaltung vom einstigen Aroma befreit, backen wir uns im dünngeriffelten Blech ein wohlschmeckendes Unheil aus der Dose der Pandora.

Innovations-Espressopads von Illy aus der italienischen Mondforschung

300 g Mehl (das sind 8 bis 10 gehäufte EL)

125 g Butter (also die Hälfte vom üblichen Block)

2 Eier

1 TL Salz

3 EL Fanta

1 EL Zucker

1 TL Salz

20 g frische Hefe

300 g „Saucisson cuit" am Stück (das ist eine gekochte Knoblauch-Salami aus dem Perigord) oder Neuenburger Saucisson (vom französischen Fachhändler) – oder der Stümper setzt kurz gekochten Broccoli an Fleischesstatt – etwas gutes Olivenöl

1. Manschetten zurückkrempeln und Mehl in eine große Schüssel versieben – das macht nicht nur Arbeit, sondern erlaubt den Spaß zuzusehn, wie der Weizenschnee in der Luft liegt, bevor er sich schließlich ins Behältnis senkt – und auch daneben. Dazu Zucker und Salz, wie beim Skat gut gemischt. Anschließend zerdeppert der Stümper den Hühnernachwuchs und läßt das Innere in einer flachen Mulde im Mehl flutschen. In einer Tasse wurde längst die Hefe in lauer Fanta verwirbelt. Die wird nun unter die Eier gemengt und sofort ins umgebende Mehl gearbeitet. Etwa auftretende Knoten werden über den Kochlöffel balbiert und mit gut eingeölten Händen zur Strecke gebracht.

2. Nach zwei Stunden Blähens erwacht der Gewaltkoch im Stümper. Er schlägt die aufbegehrende Masse roh zusammen und vermengt sie mit der lauwarmen Butter. Ihr wird eine genauso erbarmungslose Knet-Lektion zuteil wie zuvor – wiederum mit öligen Händen. Gel und zäh grinst die Ballung. Oft sind noch ein bis zwo EL Mehl nötig, um Klebrigkeit im Keim zu ersticken.

3. Mit Hilfe einer – möglichst gefüllten – Weinflasche wird der Teig auf der bemehlten Waschmaschine (oder halt auf dem größten Küchenbrett) zu zwei Rechtecken (Format DIN-A5) ausgerollt. Die längs halbierte Wurst jeweils eng einwindeln, den umgebenden Teig zusammendrücken und in die Dose stecken. Zuvor muß sie allerdings noch mit fettigem Butterbrotpapier, das ruhig ein paar Zentimeter über die Dose hinauslugen darf, ausgekleidet werden. Fast fertig ist die Laube: Nach einer halben Stunde, zugebracht auf der Heizung oder in der Sauna, hat die hefige Masse sich im Innern von Illy- oder Lavazza ganz schön hochgearbeitet – hohe Zeit, sie in den auf Stufe 5 erhitzten Ofen zu schaffen, wo sie für knapp 40 Minuten backt.

4. Dieser Duft! Kuchen kurz auskühlen lassen und herauslüpfen. Eine benäßte Klinge spaltet Scheiben wie vom Sandkuchen, die dann zur Platte „Words of Mouth" von Jaco Pastorius (Warner 1981) serviert werden.

5. Zu den Höhepunkten des menschlichen Ernährungslebens gehört der kühl ausgetretene Saft von gut gesalzenen Tomatenscheiben in Verbindung mit Essig und Olivenöl. Wohlan, machen wir uns also einen Tomatensalat!

Seezunge Wiener Art

Des Regierens manchmal müde, ließ die Kaiserin anspannen und kam in ihrer Kalesche zum Tor von Schloß Schönbrunn hinausgefahren, um die Panade ihrer Untertanen abzunehmen. Wenn sie unter der Semmeldecke anstelle von zartem Kalb zerklopften Schweinefleischs oder gar bloßer Pute gewahr wurde, geriet sie in fürchterliche Rage. Dem Haushofmeister zitterte da der Backenbart in Stellvertretung Ihrer Katholischen Majestät – und bis weit in die äußersten Bezirke zitterten die Bärte mit. Dem Willen der Gebieterin unverzüglich zu willfahren, wurden auf sein Geheiß alle Stiele von den Pfannen geschlagen und Schandzeichen in die Schürzen der läßlichen Köche gebrannt. Bediente füllten sodann Slibowitz balkanisterweis, in deren Weiber, auf daß sie – rasch keck – ihren frevlerischen Gatten tüchtig Hörner aufsetzten. Die Vögel des Wienerwaldes waren schockiert.

Nur einem gewissen Duvalier gelang es, dem zu entgehen. Glücklich, wie man heute weiß. Ihn, Henri Duvalier, hatte es seinerzeit als Leibkoch im Gefolge des französischen Gesandten in die Donaumetropole verschlagen, und selbst noch diesem verschwindenden Stimmchen im diplomatischen Chor blieb nicht verborgen, daß die mächtige Maria-Theresia beständig mit Gewichtsproblemen zu kämpfen hatte. Seine Stunde schlug beim Bankett. Ihrer Gewohnheit folgend, vermochte es die Kaiserin auch hier nicht, von der bekannten Probe abzugehen. Ihr Staunen war nicht gering. Makelloses Weiß schlug ihr in die Augen, fettarm und appetitlich. Von den Kandelabern troff der Zinn.

Jener mittlerweile historisch gewordene Bissen, den sie darob zu sich zu nehmen beliebte, entlockte ihr einen verzückten Schrei, den die Schranzen bis in den hintersten Winkel des herrschaftlichen Gemäuers fortgaben. In den folgenden Wochen nahm die Potentatin ab und Duvaliers Ansehen zu. Hoch dekoriert und freigebig beschenkt zog Duvalier anno Domino Canasta von dannen. Als er im lustigen Paris einzog, säumten Gierlappen den gesamten Notredamm und der Diplomatische Chor knödelte aus vollem Hals. Die Küchenbrigade schoß Croquetten in den Himmel.

Die geschilderte Episode ist nur eine von den unzähligen, aus denen Henri Duvalier („Qui cuit le dernier cuit le mieux") am Ende seines Lebens das bahnbrechende Kochbuch „La Cuisîne normâle é superièurè" formte. Daß es in Vergessenheit geraten konnte, ist eine Schande. Der Meister verdankt das eifersüchtigen Kollegen vom Schlage eines Carême, Escoffier und Bocuse. Sie kochten eifrig bei ihm ab und waren dabei bedacht, seine revolutionären kulinarischen Schöpfungen als die ihren auszugeben.

Der Stümper kann nicht umhin, dem wahren Vater der französischen Kochkunst Rezept zu zollen:

4 ausgelöste Seezungenfilets

1 Becherchen Crème double

Paniermehl (z. B. das weithin beste „Mutschelmehl" von Leimer)

Traubenkernöl

Butter

2 mit etwas Salz und Zucker im Mörser zerriebene Peperoncino- bzw. Cayenne-Schötlein

Sechs Rosen zierten einst Duvaliers Restaurant „Le Chien Andalou".

1. Die Feinheit von Paniermehl läßt ja allorten zu wünschen übrig. Abhilfe verheißt eine verblüffend einfache Maßnahme: Handelsübliches Paniermehl wird vom Stümper in den Starmix geschüttet und erneut zerschraddelt. Das pudrige Fazit schlupft aus der Schüttnase des Glasaufsatzes auf ein breites, langes, dickes, schweres Brett von glattgehobeltem Holz.

2. Die Seezungenfilets waschen und mit Küchenkrepp trockentupfen. Beidseitig leicht anschärfen, dann mit Crème double bestreichen, in den Bröseln wälzen, wenden und zurück auf Los. Panade gut andrücken und in viel zerlassener Butter sowie einem Schub Traubenkernöl kurz golden braten. Dazu paßt ein schön-schlapper Spinat mit glasierten Pinienkernen sowie sandiger Soul-Jazz aus Texas: Von „La La" Wilson, Wayne Henderson, Hubert Laws, Stix Hooper, Joe Sample und Wilton Felder, kurz den „The (Jazz) Crusaders".

Rehzept A 24

Unfallmett vom Frankfurter Kreuz

Was so ein Buchstabe ausmachen kann! Unversehens wird aus einem ganz zivilen Rezept ein Wildgericht. Wem das nicht schmeckt, der kann sich immer noch Stockfisch machen. Mal sehen, ob er damit glücklich wird.

Das erforderliche Tier beschaffen wir uns auf der nächstgelegenen Autobahn (Scheinwerfer aufgeblendet).

- 2 ganze Rehfilets (etwa 800 bis 1000 g)
- 100 g durchwachsener Speck (noch besser italienischer Pancetta-Bauchspeck)
- 250 g Maronen
- 50 g getrocknete Steinpilze
- 4 Möhren
- ein Schuß Olivenöl
- 1 Glas guter Rotwein
- 1 Glas Wildfond
- Salz
- Senfpulver

- etwas Staudensellerie
- 5 Schalotten
- 2 EL Rosinen
- 1 TL trockene Wacholderbeeren
- ein Viertel Butter
- Thymian
- Majoran
- Piment
- 2 Peperoncini oder Cayenne
- weißer Pfeffer

1. Die letztgenannten sechs Gewürze in kleinen Dosen im Mörser zu Puder zerreibseln und die Filets damit massieren. Dann läßt der Stümper in seiner schweren Eisenraine zwei EL Butter und einen Schuß Öl kurz aufschäumen und bräunt das Reh rundum über ständig modulierter Flamme. Dann kommt es für 6 bis höchstens 8 Minuten in den auf 220 Grad vorgeheizten Backofen. Anschließend tütet der Stümper das Fleisch in Alu und stellt es im abgedrehten Rohr warm.

2. Der Staubrest aus dem Gewürzmörser wird mit den gehackten Schalotten, kleingewürfelten Karotten, gescheibelten Sellerie und den zwischen den Fingerspitzen zerbröselten Steinpilzen in Butter langsam angeschwitzt, um dann mit Wildfond aufgefüllt und schön für ein Stundenviertelchen durchgekocht zu werden. Dazu fließt der mit Rotwein gelöste Bratsatz aus der Raine. Nur Kartoffelbrei dazu. Schluß.

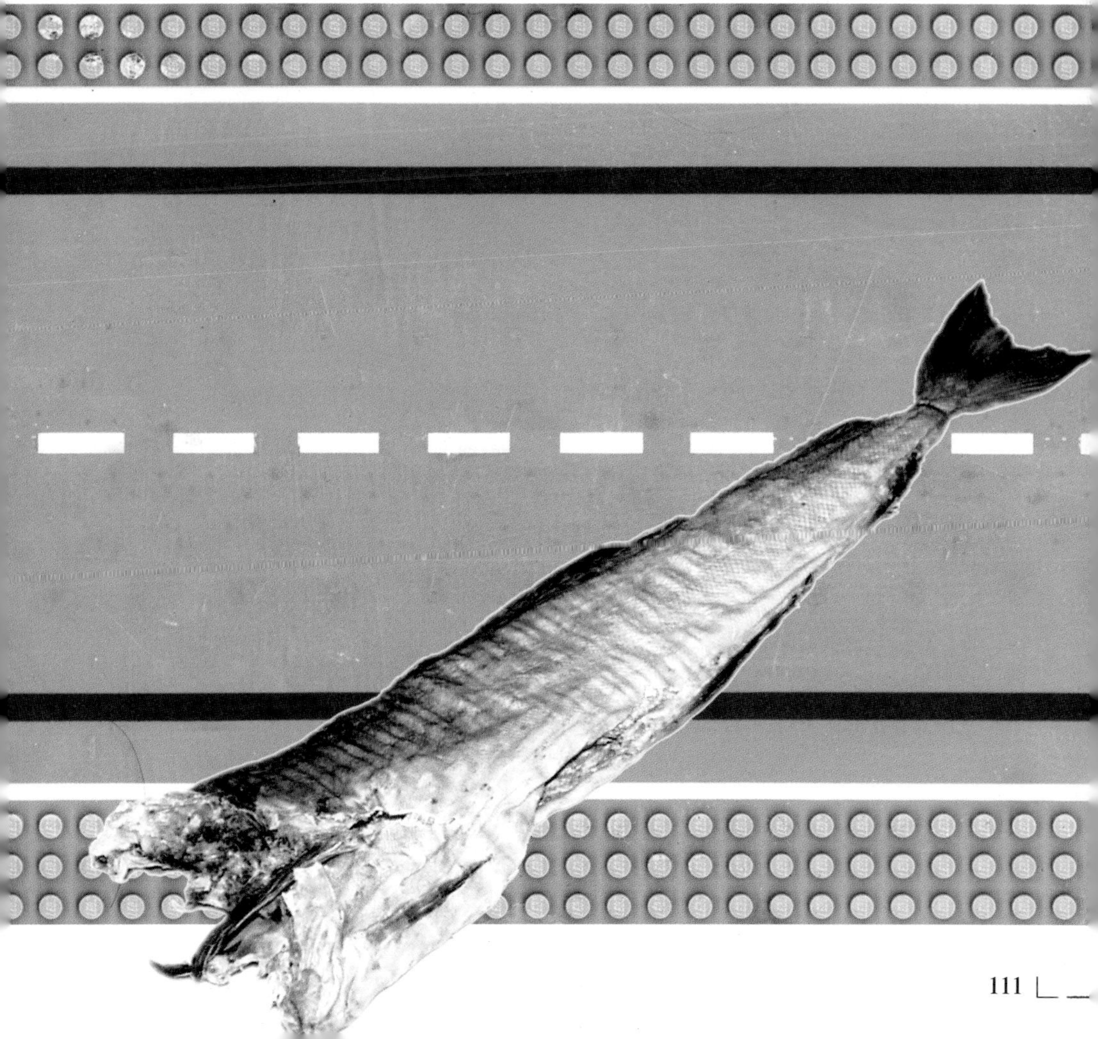

Robespierre an Robespüree

Kurzer Prozeß heißt die bewährte Methode, alte Freunde loszuwerden. In Fachkreisen wird diese Form der Justiz gern mit einem gnadenlosen Blutsäufer des französischen Putsches von 1789 verbunden. Aber wer, wie damals geschehen, seinen König kürzt – soviel sonst gegen Monarchie zu sagen wäre –, droht letztlich jedem Hals. Die Ahnen unserer EU-Pappkameraden westlich des Rheins haben es da an Gründlichkeit nicht fehlen lassen.

Ein echtes „Robespierre" ist äußerst simpel; darum kommt es umso mehr auf die Güte der Zutaten an. Fleisch von einem Metzger, dem man vertrauen kann, und so weiter. Nicht geizen:

4 Entrecotés (oder Rumpsteaks) zu je 200 bis 250 g

ein paar Zweige frischen Rosmarins

300 g Pfifferlinge

250 g Puy-Linsen (werden lediglich 10 Minuten gekocht und mit Salz versehen, neben das Fleisch gehäufelt. Vorheriges Einweichen entfällt bei diesen französischen Zwerglinsen.)

1 Bund Petersilie

eingelegter grüner Pfeffer, Knoblauch

Olivenöl

Apfelessig oder Balsamico (unverpanschter ist am ehrenden Namenszusatz „Antico condimento" erkennbar) oder 1 Zitrone

Salz

Weißbrot

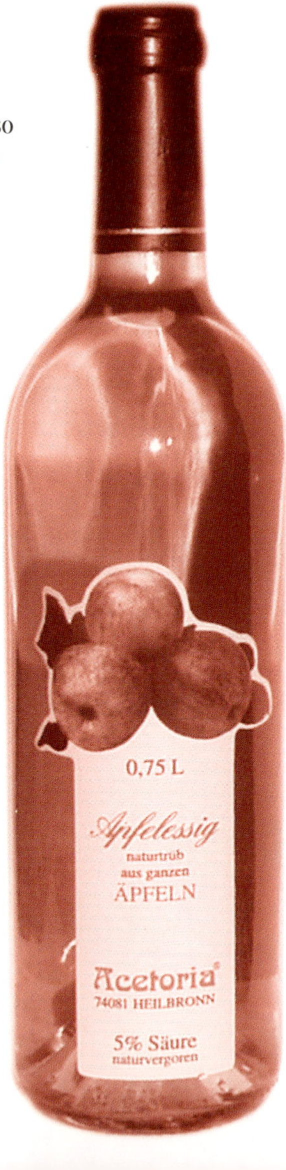

erstklassiger Apfelessig

1. Fünf Wochen vor dem Exzeß wird ein kleines, gut ausgespültes Preßglas (ich empfehle ein Fläschlein „Gatorade" wegen seines engen Halses, der dosierendes Ausgießen ermöglicht) mit fünf halbierten und ihres Keims entledigter Knoblauchzehen, einem vom Hammer des Haushalts angequetschter Zweig Rosmarin sowie Olivenöl gefüllt.

2. Wenige Tage später zertrümmert der Stümper das Rindfleisch mit dem grob geriffelten Fleischhammer in schmale Scheiben, die allerdings die Stärke einer Aspirin-Komprette nicht untersteigen dürfen.

kleine Linsen aus Puy

3. Pfifferlinge nur ganz kurz und oberflächlich waschen und mit dem Messerchen von Schadhaftem befreien. Anschließend werden die goldgelben Kerle geköpft und klitzeklein gehackt. Die Petersilie teilt ihr Schicksal.

4. Sechs EL vom aromatisierten Öl zusammen mit zwei EL grünen Pfefferkörnern in die trocken erhitzte Pfanne schütten und bei mäßigem Geflämm für zehn Minuten anschlunzen. Flamme hochdrehen, kurz zuwarten und dann das Fleisch auf jeder Seite genau (!) 20 Sekunden rösten. Scheiben heraustischen und (Autsch!) auf im Backrohr vorgewärmte Teller schieben.

5. Die fast zu Brotaufstrich zerschnittenen Pilze ins Bratfett schicken und für knapp zwei Minuten herzlich zu einem, wie man in Frankreich sagt: Robespüree schikanieren. Mit drei EL Balsamico und einem Gläschen Cognac löschen. Eben mal schnell durchschmurgeln. Petersilie dazu und augenblicklich über die Steaks kübeln. Gesalzen wird erst bei Tisch – falls überhaupt erforderlich. Sehr gut paßt dazu ein Salat aus kleinen Linsen.

6. Als Ohrenbeilage werden diesmal vier versöhnliche Impromptus von Franz Schubert serviert, gespielt vom französischen Schmuse-Pianisten Michel Dalberto (DENON).

Alles Käse-Kuchen

Müssen Rosinen im Kuchen wirklich sein? Der Stümper meint, wenn das Rezept keinen richtigen Pfiff besitzt, seinetwegen, wenn's aber ein Hammer ist, kann auf so ein störendes Beiwerk, das einem auch das Sudetenfutter vergällt, verzichtet werden. Zwieback natürlich nur von BRANDT!!!

Ein Stümper zagt
im Süßen nie.

genau 9 Scheiben Zwiebacks
50 g Butter
135 g Zucker + 2 EL zusätzlich
500 g Philadelphia
5 resolute Bio-Eier
1 Zitrone (sogenannte unbehandelte)
bißchen Salz

1. Der Stümper ist in seinem Element, wenn er etwas demolieren darf, – natürlich nur, um dafür Neues zu schaffen: Besagte Zwiebacks werden in einem frischen Geschirrtuch zerdeppert – das heißt, sie werden bis zur Abriebstufe 9 zerschraddelt. Mit offensiver Obacht wird der braune Staub in einen Napf bugsiert und an dessen Grund mit windelweicher Butter, 2 EL Zucker und einer Prise Salz detailliert verknetet.

2. Die Philadelphias aus den charakteristischen Plaste-Wannen hebeln und in einem Behältnis mit 5 Eigelb (die Dotter-Isolation ist nach ein paar Versuchen kein echter Abhaltungsgrund für weiteres Schaffen – es sei denn, der Stümper hält keine Reserve in der Hinterhand beziehungsweise im Kühlschrank vorrätig) roh glattrühren. Die Zitrone wird vom Stümper unter strömenden Strahl abgebürstet und auf der Küchenreibe feinster Fläche rundum dünn abgemeiert. Der verbleibende Rest ist flott gepreßt und wird wie die Schale der gelblichen Käsemasse untergejubelt. Zuletzt den restlichen Zucker mit dem Schneebesen hineinkehren. Das gleiche Instrument (zwischendurch abspülen) verwandelt unter heftigem Wirbeln das Klare vom Ei in einer nunmehr dritten Schüssel in starren Schaumstoff, der mit einem Spatel sofort unters Zähe gepflügt sein will. Jetzt steht der Käse vorm Kuchen.

3. Der Boden einer runden, mit Fettfingern eingebutterten Backform wird mit dem Zwieback-Butter-Konglomerat sozusagen asphaltiert. Darüber schickt sich nolens volens die in Punkt 2 herangezogene Philadelphia-Emulsion. 75 Minuten backt das dann bei 150 Grad in Ofens Stille und wird danach in die Gegenwart gerissen.

Antichrist-Stollen

Zu keiner Zeit des Jahres wird mehr heidnischem Gelage gehuldigt als ausgerechnet zur Weihnacht. Es bedarf weiß Gott keines Exorzisten, um als Anstifter dieser exzessiven Völlereien den Antichristen höchstselbst auszumachen, den Sendboten des Satans. Ihn zu bannen – und ganz nebenbei noch das viele teuflische Konfekt zu exorzieren, dafür hat der Stümper ein Rezept parat, das obendrein auf nicht nur Kindern verhaßtes Orangeat, Zitronat und Sultanat großherzig verzichtet.

1 Pfund Mehl (das sind 20 bis 25 wohlgehäufte EL)

1 Würfel Frischhefe

7 EL Zucker

1 Tasse Milch

100 g gemahlene Mandeln

1/4 TL Zimt

1 Reagenzglas Bittermandel-Aroma

1 Tütchen „Finesse geriebene Zitronenschale"

1 gestrichener TL Salz

200 g Butter (Puristen ersetzen ein Viertel davon durch Rindertalg) für den Teig plus die restlichen 50 g der Packung, um den Stollen nachher zu bestreichen

10 Marzipankartoffeln

ein paar kandierte Früchte

Datteln, Dörrobst

Dominosteine, Schokolinsen

Mozartkugeln, Pralinen

Schokolade und noch ein paar von den Naschwaren, die der Weihnachtsmann einfach so auf den Gabentisch gehustet hat.

Wenn's im Magen rumpelt, hilft oft nur ein strenger Espresso!

1. Zuerst versiebt der Stümper Mehl der Klasse 405 in eine große Schüssel, bringt in der Mitte eine flache Kuhle an und bröselt die Hefe möglichst fein hinein. Mit etwas lauwarmer Milch und per Gabel wird sie schön breiig gerührt, mit etwas Mehl und einem EL Zucker bestreut und dann alles nächst der Heizung plaziert. Nun läßt sich das Teiglein eine halbe Stunde gehen – bis der Klump auf das Doppelte angestiegen ist und hübsch porig aussieht.

2. Die restlichen 6 EL Zucker über den verbliebenen Mehlrand streuen, die übrige Milch dazuschütten und heftig unterrühren. Nun erst die weiche, aber nicht flüssige Butter und das Salz zufügen. Beides darf nie direkt auf die Hefe! Jetzt kommen die Stümper-Hände (wie Schraubstöcke) zum Einsatz: Alles erbarmungslos durchwalken, kneten, streicheln und alsdann mit Fäusten zusammenstampfen – solange, bis der Teig glatt und geschmeidig geworden ist. Immer von oben nach unten walken, übrigens.

3. Weihnachtsmänner zerdeppern, Mozartkugeln und Schokolade schreddern, Datteln und kandierte Früchte hacken – eine gute Handvoll insgesamt – und zusammen mit Zitronenschale, Mandelstaub und Bittermandelessenz in den Teig einarbeiten. Nun breitet der Stümper die immer noch aufsässige Materie auf einem bemehlten Ofenblech aus. Und: Nochmals für eine Dreiviertelstunde blähen lassen.

4. Den größten Stümper-Spaß bildet das vom Carpaccio her bekannte Kaputtwalzen der Marzipankartoffeln und Dominosteine per voller Weinflasche. Das Zeugs wird gleich leicht in den Teig gedrückt und untergeschlagen. Nach 15 Minuten Ruhe auf dem Blech geht es ab in das auf Gasstufe 5 (235° C) verhöllte Rohr. Nach 10 Minuten schaltet der Stümper die Hitze auf Stufe 3 (200°) und legt sich für eine sehr gute Stunde ins Bett zu seinem Roman. Es sollte ein feierlich trauriger sein, zum Beispiel „Die Islandglocke" von Halldór Laxness. Nach ungefähr 70 absolvierten Seiten ist dann die Wonne umso größer. Nur noch Regler abdrehen und Hangout des Antichriststollens abwarten. Nichts hat ja wirklich Eile zwischen den Jahren. Sowieso erst nach einer Woche an kühlem Ort in Alu ist das Backergebnis präsentabel. Zuvor jedoch hat der Stümper 2 EL Zucker in den Mörser geschüttet (worin zwei weiße Pfefferkörnchen wahre Wunder wirken) und zu Puder zerrieben. Die in einem Pfännchen verflüssigte Butter wird vom Stümper über den Stollen gleichmäßig gepinselt und schleunigst mit dem Zuckerflumm überstäubt.

Tass Kaff (leer)

Orangenmanipulation

150 g Zucker
5 Eigelb
4 EL Grand Manier
1 Limone
1/4 l süße Sahne
6 EL Orangenmarmelade (noch besser Gelee)
2 Rippen Herrenschokolade (quer)
1 Pandoro di Verona (wenn es denn irgend geht, den besten von „Tre Marie")

Heute wirken viele flotte Autowägelchen wie geradewegs dem Comic entsprungen. Vielleicht haben ihre Karrosserieschneider früher einfach zuviel Micky Maus gelesen oder spielen immer noch mit Matchbox und Carrera – jedenfalls läßt sich eine in erschreckendem Ausmaß zunehmende, außerordentlich geschmacksbedrohende, noch dazu in unerträglicher Weise lächerliche Infantilisierung des internationalen Fahrzeugbaus nicht von der Hand weisen.

Daimler, BMW, Fiat, aber auch Franzosen & Japaner haben rundlich-niedlich geformte Renner aufgelegt, die sich gestalterisch eng an Donald Ducks berühmtes Gefährt mit dem Entenhauser Kennzeichen „313" anlehnen.

Da packt den Stümper pötzlich ein unwiderstehliches Verlangen nach Haferbrei mit Nesquick, Eßzet-Schnitten und vor allem Marmeladebrot. Konfitüre einmal im Kopf, fragt er sich, was für eine kulinarische Manipulation mit eingekochten Früchten möglich ist.

Klebrest eines in der Mirkrowelle ballonierten Mohrenkopfes

bittersüße Musik dazu - und hinterher ein Kaugummi

1. Zuerst trennt der Stümper das Gelbe von Schale und Klar. In einer weitläufigen Schüssel werden die Dotter mit Zucker und Schneebesen zu einer dicken Creme zentrifugiert (immer schön locker aus dem Handgelenk schlagen).
Grand Manier, Marmelade, Limonensaft und nur ganz oberflächlich abgeriebene Schale (zuvor wurde die niedliche Zitrusfrucht mit Wasser & Wurzelbürste rundum schlecht behandelt) mit Wucht verrühren.

2. Die eben verwendete Schlagwaffe muß umgehend gereinigt werden, damit die Sahne, die es nunmehr bis zur Stocksteife hochzuschmettern gilt, nicht irritiert wird. Anschließend wird die Schaumgeburt vorsichtig mit der Orangenmasse aus 1 vermengt, in eine Terrinenform gefüllt, mit Schokolade großmächtig überraspelt und nolens volens ins Eisfach überstellt. Eine Nacht auf stärkster Stufe reicht.

3. Der Pandoro in astigmatisch verzerrtem Kranzkuchenformat (wie von El Greco gemalt) besticht durch seine aspartanische Schmucklosigkeit; es handelt sich dabei um nichts weiter als einen mit viel Hefe aufgeblähten, safrangelen Mammut-Zwieback, der allerdings nicht zwischen den Zähnen kracht. Der Stümper bestäubt den großporigen Schaumstoff aus dem beigegebenen Tütchen Puderzucker, wärmt ihn für fünf Minuten im heißen Rohr und fährt ihn in Ecken zur Orangenmanipulation auf. Dazu wird dann Miles Davis‘ süße Platte „The Man with the Horn“ gereicht.

Rumsülze mit Aupflaume

Unverschämten Leuten muß man einfach das Maul stopfen. Der Stümper tut das auf die galanteste Weise. Auch er weiß: Man begegnet ihnen immer zweimal und wird spätestens dann nach dem Rezept gefragt:

Rezeptur Rumsülze:

450 g reife Pflaumen (oder Zwetschgen)
35 g Zucker
3 Blatt weiße Gelatine
1 EL gehobelte Mandeln
1 EL gehackte Pistazien
1 EL weißen Rum
abgeriebene Schale von einer unbehandelten Orange (ersatzweise eine Messerspitze Ahoi-Orangenbrause)

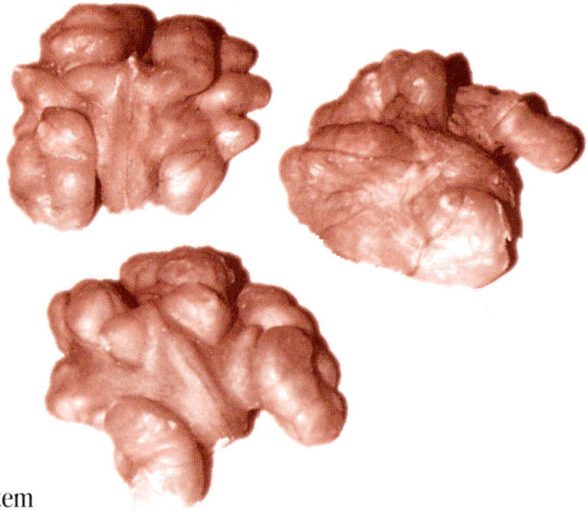

1. Pflaumen waschen, entsteinen und mit dem Zucker in einem zugedeckten Topf bei nur sehr geringer Hitze für 20 Minuten garen. Derweil Gelatine in kaltem Wasser einweichen.
2. Jetzt schlägt die Stunde des Stümpers: Die Pflaumen müssen in einem Sieb aufgefangen werden, der Saft darf aber nicht entrinnen. Der Stümper löst die Problematik mit einem kleinen Napf zwischen Sieb und Ausguß. Bravo!
3. Der aufgefangene Saft wird vom Stümper annähernd zu Sirup eingekocht, die Gelatine von seinen Händen ausgedrückt und im heißen, aber nicht kochenden Saft aufgelöst. Dann kommen Orangenschalenabrieb, Mandeln und Pistazien dazu sowie Rum und die Pflaumen aus dem Pflaumensieb. Zuletzt fließt alles in eine Kastenform und wandert für mindestens fünf Stunden in den Kühlschrank.

Wege zum Rum

Für die Sabberjong braucht man:

4 Eigelbe, 2 ganze Eier, 120 g Puderzucker,
ein dreifacher Jamaicarum (6 cl), ein doppelter Bacardi,
1 Prise Safranpulver, bißchen Zitronensaft

Alle Zutaten zusammen in einen Kessel schütten und wild durchprügeln. Zuvor wird das metallene Behältnis schnell noch in einen Topf mit heißem Wasser gehängt. Am Ende muß ein schöner gelber, ganz leicht auch zäher Schaum entstanden sein, der zur in Scheiben aufgeschnittenen Rumsülze gegossen wird.

Karameleis

1/4 Liter Milch, 1 Becher Sahne, 150 g Zucker, 12 Eigelbe,
2 Vanillestangen (oder gemahlene Bourbon-Vanille von „Rapunzel" aus dem Naturkostenladen)

1. Der Stümper bringt Milch und Sahne vorsichtig zum Blubbern; dann schlitzt er die Vanillestangen mit einem geübten chirurgischen Schnitt auf und kratzt das Mark aus dem Innern ins Milchtöpfchen.

2. In einem weiteren Töpfchen findet die heiterste Aktion des Eismachens statt: Unter ständigem Rühren schmilzt der Zucker und wird bald darauf auch noch goldbraun – höchste Zeit, ihn vom Feuer zu reißen. Nach zehn Minuten Pause verflüssigt der Stümper den dunklen Zucker mit der heißen Sahnemilch.

3. Die Eigelbe werden zu Schaumstoff geschlagen und nach und nach in die heißgehaltene Karamelflüssigkeit gerührt. Gerührt wird so lange, bis die Spur des Besens auf der Oberfläche geheimnisvolle Furchen hinterläßt, die von Berufsköchen gerne als „Rose" gedeutet werden: Es muß lange her sein, daß diese Leute das letzte Mal im Blumenladen gewesen sind. Obacht! Kochen darf die Soße nicht mehr. Am Schluß wird sie vom Stümper durch ein Sieb gejagt und stundenlang in der Tiefkühltruhe verfrostet.

Der richtige Topf denkt mit!

Kochgeschirr ist ein geradezu dramatisches Beispiel dafür, wie man sich die Arbeit erheblich erleichtern – oder gründlich erschweren kann. Trotzdem wird diesen wichtigen Werkzeugen ausgerechnet am Arbeitsplatz mit der weitesten Verbreitung – der Küche nämlich – seit jeher wenig Beachtung geschenkt. In 90% aller Haushaltungen dürften überwiegend unzureichende, ja schlechte Töpfe Allotria treiben. Sie spiegeln auf ihre Weise die Bereitschaft vieler Leute wider, sich mit den Dingen abzufinden – auch und gerade, wenn ihnen immer wieder etwas anbrennt.

Töpfe, Pfannen, Schüsseln, Backformen und Küchenmesser gehören überhaupt zu den ersten Arbeitsgeräten, die wir als Kinder kennenlernen. Es kann also durchaus sein, daß der tägliche Umgang mit ihnen allmählich für Abstumpfung sorgt; aber auch das Argument läßt sich nicht von der Hand weisen, wonach die kulinarische Evolution in Deutschland, die uns beispielsweise eine ganze Reihe schöner Restaurants und noch viel mehr bunte Kochbücher beschert hat, an der privaten Hardware wirkungslos vorübergegangen ist.

Ein richtiger Topf denkt mit. Er faßt all das, was nicht direkt dem Feuer ausgesetzt sein soll, und schafft eine Atmosphäre kontrollierter Hitze, die er moderiert, gleich-

mäßig über den Boden verteilt und die Wände hinauflenkt, ohne daß dabei immerfort am Regler gedreht werden müßte. Der Interessierte kauft Töpfe im Gastronomiebedarfshandel oder in Fachgeschäften, in denen kein Schnickschnack die Regale verstopft. Mit vernünftigen Töpfen und Messern kann man eigentlich alles herstellen. Es bedarf nicht viel:

– einen 3 Liter fassender Topf mit dickem Boden und dicht abschließendem Deckel, Durchmesser ca. 20 bis 25 cm als Universaltopf. Man kauft am besten einen unverwüstlichen Edelstahltopf des Schweizer Herstellers „Spring“ (zu herabgesetztem Preis auf den berühmten „Haushaltswochen“ im KaDeWe). Das Non-plus-ultra sind allerdings die kostspieligen Töpfe und Pfannen von „Alessi“, die wie bei Spring aus mehreren Metallschichten bestehen, außen mit Kupfer und innen mit Edelstahl beschichtet sind. Soßen können darin so weit reduziert werden, daß sie fast nicht mehr da sind – aber nicht anhängen. Kurzum: geniales Gerät).

– ein 5 Liter fassender, hoher Spaghettitopf aus Leichtmetall, Durchmesser ca. 25 cm. Möglichst mit einhängbarem Dämpfsieb für schonendes, farb- und vitaminbewahrendes Garen von Gemüse, Wurzeln und Kartoffeln sowie Fisch. Auch als Aufwärmplatz anstelle einer Mikrowelle universal zu verwenden.

– ein Jenaer-Glastopf, Durchmesser ca 25 cm. Darin gart der Reis prächtig, darin wird Salat angemacht, Pudding angerührt, darin ruht der Rest von gestern. Auch Suppen und kleinere Schmorgerichte gelingen gut im Glas.

– ein guter alter Bräter mit schwerem Deckel. Das gußeiserne Ungetüm wird entweder bei den Großeltern requiriert, beim Trödler beschafft oder bei „Eduscho“ gekauft und – wie der Name schon sagt – zum Braten verwendet. Gourmets fabrizieren darin auch ihren geliebten Kalbsfond aus Knochenmark und Wurzelwerk.

– eine schwere Gußeisenpfanne, Durchmesser ca. 20 cm, oder eine geschmiedete Eisenpfanne. Beide sind nicht sonderlich teuer, aber tausendfach bewährt bei kurz sautiertem Fleisch und Fisch.

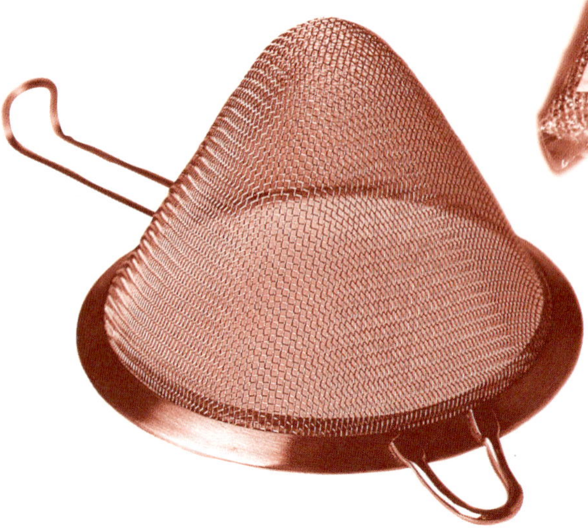

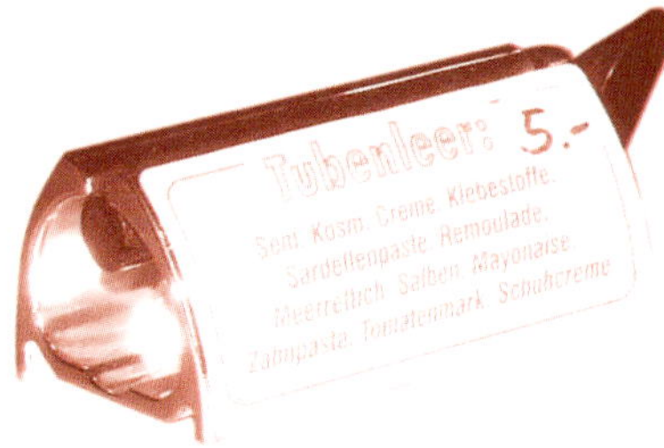

– eine emallierte Pfanne, Durchmesser ca. 30 cm – z. B. von der Firma „Wagner“ mit dem Hammer im Signet: Da weiß man, wo er hängt! Bratkartoffeln und Eierspeisen kommen unter den Hammer. Emaille ist übrigens leicht zu reinigen!

– ein hochwandiges Soßenpfännchen mit Stiel zum Reduzieren, Blanchieren, Durchschwenken von Gemüse und Butter – oder mal heimlich eine Tütensuppe drin machen.

– für Freunde der asiatischen Küche zusätzlich einen möglichst billigen Wok, der dann über einem vom Frotteehandtuch gedämpften Holzblock Unregelmäßigkeiten nachträglich eingehämmert bekommt: Das geschieht, um das zum Rand hochgeschobene Gargut am Abrutschen zu hindern.

– ein rundes Alu-Backblech mit ca 3-4 cm hoher Seitenwand, Durchmesser ca. 30 cm für Pizza, Blechkuchen, Backkartoffeln, gratiniertes Gemüse und Toast Hawaii. Gibt‘s gegen ein paar Taler im Orienthandel.

Messer braucht man zwei, höchstens drei – die aber in bester Qualität. Unübertroffen in punkto Schärfe sind geschmiedete Eisenmesser. Da sie leicht rosten, müssen sie sofort nach Gebrauch abgespült und getrocknet werden. Wem das zuviel Aufwand ist, der besorgt sich bis in den Griff durchgeschmiedete Edelstahlmesser von „F. Dick“, „Zwilling“ oder „Dreizack“. Am häufigsten gebraucht wird ein kurzes Office-Messer zum Putzen und Kleinschneiden. Ein langes Schwert dient vor allem zum Kräuterhacken, Brotschneiden und Pizzateilen, und ein Ausbeinmesser erleichtert das Vorbereiten von Fleisch und Geflügel. Der Gemüsesparschäler ist in der Handhabe zwar gewöhnungsbedürftig, aber vor allem in der Spargelsaison nicht wegzudenken. Er wird auch zum Parmesanhobeln eingesetzt. Letzteres schafft der Trüffelhobel allerdings

noch besser, mit dem auch Ingwer, Champignons, Chillis und Knoblauch fein scheibliert werden.

Elektrogeräte stehen die meiste Zeit nutzlos herum, denn man braucht sie in normalgroßen Haushalten selten. Zudem überwiegt meistens der Reinigungsaufwand (sowieso ein wichtiges Kriterium bei der Auswahl von Küchengerätschaften) die Arbeitserleichterung. Die einzige Maschine mit Taug ist der Küchenmixer mit schwerem Glaszylinder. In ihm werden Suppen und Soßen verzwirbelt, Grünkern gemahlen und trockene Brötchen zu Semmelmehl verarbeitet. Für Singles genügt der Kleinmixer „Illico" von Moulinex.

Dann fehlen eigentlich nur noch ein paar Kleinigkeiten zum Küchenglück – wie ein Abguß-Sieb, Durchmesser 30 cm, ein feinmaschiges Spitzsieb zum Passieren, Durchmesser 15-18 cm, ein solide eingefaßter Schneebesen, eine Zitruspresse etwa im Pampelmusenformat, eine Standreibe mit Grundriß 12 x 9 cm (muß alle zwei Jahre erneuert werden), ein schwerer Bronze-Mörser mit wuchtigem Stößel (vom Orientalen), der die verknosterte Pfeffermühle unnötig macht, sowie ein großes Küchenbrett aus Holz ca 30 x 40 cm, das sich nach neueren Erkenntnissen als bakterienabweisender erwiesen hat als die vielgepriesenen Kunstoffbretter. Es sollte alle paar Wochen mit etwas Leinöl geschmeidig gehalten werden. Nicht zu unterschätzen ist ein chinesischer Suppenlöffel als Abschmeckutensil. Weil er aus Porzellan ist, nimmt er nicht so rasch die Hitze an wie ein Metallöffel.

Topflappen? Schwamm drüber: Den backen wir uns selber mit Omas Waffeleisen – oder streifen halt einen dicken Strumpf über die Hand. Notfalls tut es auch eine Kasperlepuppe.

Übrigens:
Die besten
Halspastillen
gibt es in
Italien.

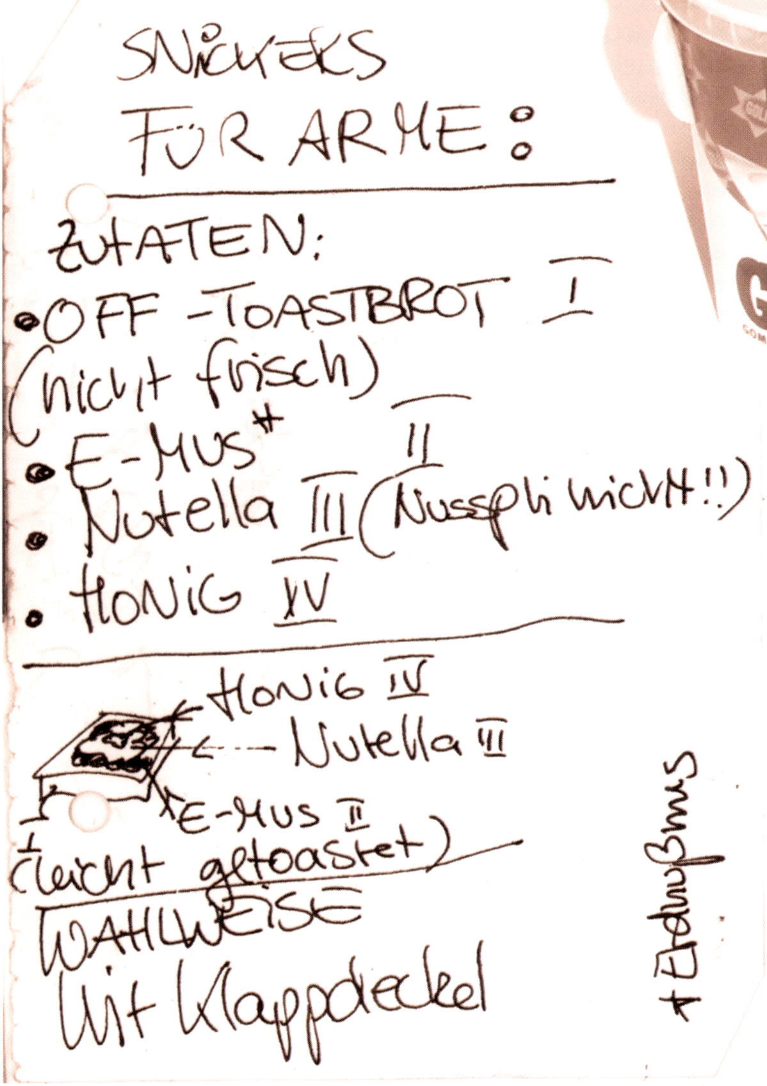

SNICKERS
FÜR ARME:

ZUTATEN:
- OFF-TOASTBROT I
(nicht frisch)
- E-MUS* II
- Nutella III (Nusspli nicht!!)
- HONIG IV

HONIG IV
Nutella III
E-MUS II
(leicht getoastet)
WAHLWEISE
Mit Klappdeckel

*Erdnußmus

End-Rezept von Wilma Wipfler

Reisen – aber richtig!

„Das definitive Reisebuch. Vor, während und nach der Reise. Kurz gesagt: eine Expedition in Worten.“
Teilhard de Moët-Chandon

„Ein Beitrag zur globalen Aufheiterung.“
DER HALT

„Witweboltesk!“
Max & Moritz

Platt/Keune/Brösel
Reisen für Stümper
142 S., DIN A5
DM 24,80
ISBN 3 - 927912 - 05 - 0